KB144857

마을의

진화

KAMIYAMA SHINKARON:
JINKO GENSHO WO KANOSEI NI KAERU MACHIZUKURI

by Seiji Kanda, a reporter of The Asahi Shimbun Company

Copyright © 2018 The Asahi Shimbun Company
All rights reserved.
Original Japanese edition published by Gakugei Shuppansha, Kyoto.

This Korean language edition published by arrangement with
Gakugei Shuppansha, Kyoto in care of Tuttle-Mori Agency, Inc., Tokyo
through Imprima Korea Agency, Seoul.

Korean Translation Copyright © ScienceBooks 2020

이 책의 한국어판 저작권은 Tuttle-Mori Agency, Inc.와
임프리마 코리아 에이전시를 통해 Gakugei Shuppansha와 독점 계약한
㈜사이언스북스에 있습니다.

저작권법에 의해 한국 내에서 보호를 받는 저작물이므로
무단 전재와 무단 복제를 금합니다.

마을의 진화

산골 마을 가미야마에서
만난 미래

간다 세이지 지음

류석진, 윤정구, 조희정 옮김

반비

산으로 둘러싸인 구릉에 논밭과 집이 있는 가미야마 마을.

지산지식(地産地食)을 추구하는 푸드허브 프로젝트.

오노지(大笌地) 지구에 준공한 공동주택

위 | 업무방식의 혁신을 목표로 하는 산산(Sansan) 위성사무실, 가미야마 랩.
아래 | 15개 회사가 입주한 가미야마 밸리 위성사무실 콤플렉스.

위 | 가미야마 메이커스페이스 대표 아베 사야카와 삼나무를 가공하는
조세이(城西)고등학교 가미야마 분교 삼림 여자부(森林 女子部) 동아리.
아래 | 호소이 게이코(細井 恵子)가 개발한 지역 식재료로 만든 메뉴가 인기인 식당 가마야(かま屋).

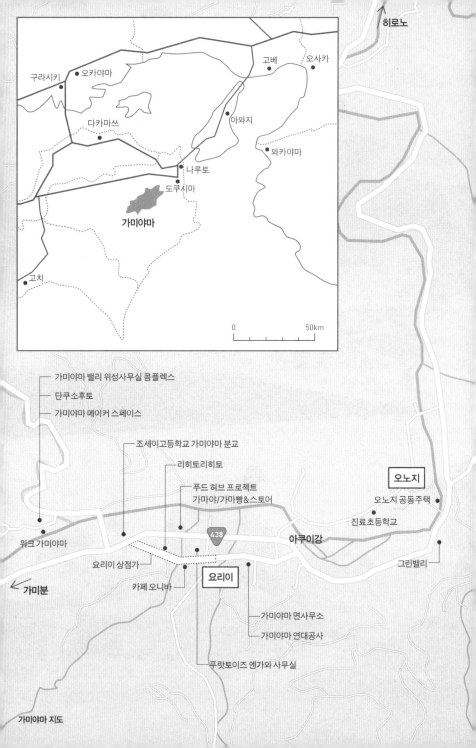

가미야마 밸리 위성사무실 콤플렉스
단쿠소후토
가미야마 메이커 스페이스
조세이고등학교 가미야마 분교
리히토리히토
푸드 허브 프로젝트
가마야/가마빵&스토어
오노지
오노지 공동주택
진료초등학교
워크 가미야마
요리이 상점가
카페 오니바
요리이
가미분
438
아쿠이강
그린밸리
가미야마 면사무소
가미야마 연대공사
푸랏토이즈 엔가와 사무실

히로노
구라시키
오카야마
고베
오사카
다카마쓰
아와지
와카야마
나루토
도쿠시마
가미야마
고치

0   50km

가미야마 지도

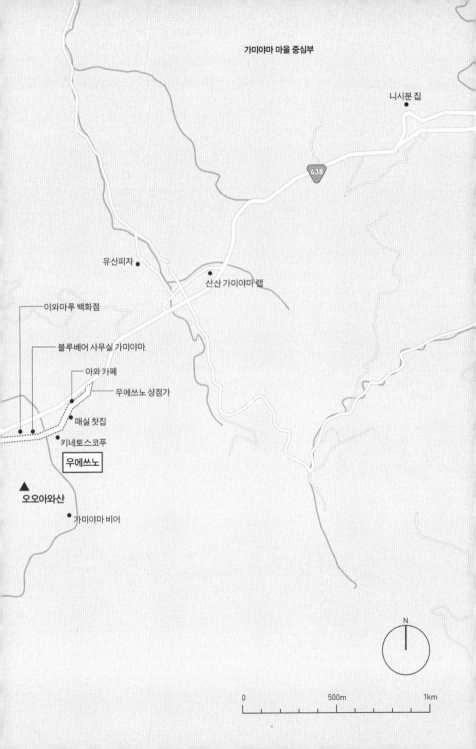

가미야마 마을 중심부

니시분 집

438

유산피자

산산 가미야마 랩

이와마루 백화점

블루베어 사무실 가미야마

아와 카페

우에쓰노 상점가

매실 찻집

키네토스코푸

우에쓰노

▲
오오아와산

가미야마 비어

N

0   500m   1km

왜 가미야마 마을은 계속 진화할까

'소멸가능도시'라는 말이 있다. 저출생과 인구유출 때문에 그대로 두면 소멸할 수밖에 없는 지역을 말한다. 이 용어는 2014년 5월 민간연구단체인 일본창성회의(日本創成会議)가 발표한 보고서●에 처음 쓰여 주목을 받았다. 이 보고서는 일본 전체 지방자치단체 가운데 절반이 소멸할 것이라고 예견했다.

나는 인구감소와 저출생·고령화가 급속히 진행되는 지역을 취재하면서 지속가능성을 급속히 잃어가는 상황을 보았다. 지역에서는 좀처럼 청년과 아이들의 모습을 볼 수 없었고 초등학교와 중학교의 통폐합이 이어지고 있었다. 농사지을 사람이 없는 논밭은 방치되었고 아름다운 전원 풍경은 사라지고 있었다. 지역경제는 쇠퇴하고 일자리를 찾아 도시로 떠나는 청년이 늘어났다. 이렇게 답답한 지역 현실에서 어떻게 해야 살길을 마련할 수 있을까. 이런 생각을 하고 있을 때 시코쿠(四国) 산속에 이상한 시골

● 자세한 내용은 4장을 참조.

마을이 있다는 것을 알게 되었다.

가미야마(神山)는 도쿠시마현(德島県) 도쿠시마시 중심부에서 하천을 따라 남서쪽으로 이어지는 438번 국도를 차로 달려 마지막의 긴 터널을 빠져나가면 45분쯤 지나 도착할 수 있다. 해발약 1000미터 높이의 산으로 둘러싸여 있고 총 면적의 83퍼센트가 삼림이다. 마을에는 요시노강 지류인 1급 하천 아쿠이강이 흐르고 시코쿠 12대 명소인 쇼산지(焼山寺)와 가미야마 온천이 있지만 그 외에 이렇다 할 관광지는 없다. 특산물인 스다치* 생산량이 일본 1위이지만 예전부터 마을을 지탱해왔던 임업은 이젠 찾아볼 수도 없다.

가미야마는 1955년에 시모분가미야마촌(下分上山村), 진료촌(神領村), 오로노촌(鬼籠野村), 가미분가미야마촌(上分上山村)이 합병하여 탄생했다. 합병 당시 2만 명 이상이었던 인구는 2015년 인구조사에서 약 5300명으로 집계되어 거의 4분의 1로 줄어들었다. 고령화율이 48퍼센트로 인구감소와 고령화가 두드러진, 전형적인 과소화(過疎化)** 마을이다. 일본창성회의 보고서에서도 가미야마는 전국에서 스무 번째로 소멸가능성이 극히 높다고 평가하고 있다.

그런 가미야마에 도시로부터 청년들이 속속 이주하고 있다.

● 라임의 일종.
●● '과소'란 (1) 너무 성김, (2) 어떤 지역의 인구 등이 너무 적음을 의미한다. 일본에서는 두 번째 의미에 더하여 이로부터 파생되는 정치·경제·사회 문제 등을 포괄하는 용어로 사용한다.

2008년부터 8년간 적어도 91세대, 161명이 넘게 이주했다. 그것도 웹디자이너, 컴퓨터 그래픽 엔지니어, 예술가, 요리사, 수제구두 장인 등 창의적인 직업의 청년들이 많다. 더 이상한 것은 IT 벤처 기업이 계속 진입하고 있다는 것이다. 도쿄와 오사카에 본사가 있는 기업들이 가미야마에 위성사무실(satellite office)을 만들거나 아예 새로운 본사를 만들기도 하는데 그 수가 2011년 이후 16개를 넘었다.

가미야마의 성공에서 지방재생의 힌트를 얻으려고 전국에서 견학이 이어지고 있다. 최근 3년간 1000여 단체와 6500여 명의 기업 대표, 국회의원, 중앙정부 관료, 각 지방자치단체 관계자들이 방문했다.

그러나 가미야마의 대단함은 여기부터다. 가미야마는 2015년 지방재생 전략 수립을 계기로 여러 가지 프로젝트를 동시에 진행하고 있다. 그 가운데 하나인 '푸드허브 프로젝트(Food Hub Project)'는 '지산지식(地産地食)'● 원칙을 통해 농업 인력을 육성하고 먹거리로 지역을 연결하여 되살리고자 하는 프로젝트다. 이는 일본 농업을 재생시킬지도 모를 위대한 도전이다.

가미야마의 나무로 가미야마의 목수가 주택단지를 만들기도 한다. 쇠퇴한 임업을 일으켜 건설업 인력을 육성할 뿐만 아니라 다양한 목표가 있는 주거지를 만드는 이 프로젝트는 그 자체로

● 산지의 재료를 산지에서 소비하는 것을 의미한다.

머리말

'마을 만들기'가 되어간다. 또한 마을의 유일한 고등학교지만 지역과는 동떨어져 있던 농업고등학교를 지역의 미래를 이끌어나갈 리더를 육성하는 산실로 만드는 프로젝트도 진행하고 있다.

이런 프로젝트들은 정부와 민간, 주민과 이주자가 연대하여 진행하고 있다. 프로젝트들의 엔진 역할을 하는 '가미야마 연대공사'와 같은 기관에는 다재다능한 젊은 스태프들이 모여 있다.

가미야마를 단순히 IT 기업이 진출해 이주자가 많은 마을로만 인식하면 큰 오산이다. 이 마을은 계속 진화하고 있다.

평범하기 그지없어 보이는 과소화 마을이 어째서 진화를 거듭하고 있을까? 그 수수께끼가 풀린다면 많은 지역에 참고가 될 것이다. 그래서 2016년 봄부터 가미야마를 취재하기 시작했다. 가미야마에서 100명이 넘는 사람들을 취재하면서 많은 깨달음과 놀라움이 있었다.

이제 이 희한한 시골 마을 이야기를 시작해보자.

차례

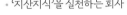

일러두기

1. 본문의 각주는 모두 이해를 돕기 위해 옮긴이가 삽입한 것으로, 본문 중에는 이를 따로 표시하지 않았다.

2. 이 책에 나오는 가미야마 내 일본 회사명은 국립국어원 외래어표기법의 일본 가나 표기를 따랐다.

1장

이상한
시골 마을이
만들어지기까지

왜 가미야마로 사람과 기업이 모여드는 걸까.

2016년 봄 가미야마를 찾은 나는 "당신은 왜 가미야마에 왔습니까?"라는 질문을 하며 돌아다녔다. 가미야마의 IT 기업 대표와 이주자 들은 내 예상과는 전혀 다른 답을 했다.

외지인에게 개방적인 희한한 마을

가미야마에 IT 기업이 진출하는 이유 가운데 하나는 뛰어난 네트워크 환경이다. 2011년에 일본이 지상파에서 디지털로 TV 송출 방식을 바꾸기 전인 2005년, 산간 지역으로 난시청 지역이 많았던 도쿠시마현 전역에는 20만 킬로미터에 달하는 광통신망이 깔렸다.

광통신망은 인터넷 고속도로와 같다. 가미야마 같은 시골에는 이용자가 적어서 마치 텅 빈 고속도로에서 속도를 내기 쉬운 것처럼 통신 속도가 매우 빨라졌다. 그 속도 때문에 IT 기업들이 가미야마에 온 것이다. 가미야마에 위성사무실을 연 IT 기업 대표들은 "그것은 계기에 지나지 않습니다."라고 입을 모았다. 보다 더 결정적인 이유가 무엇이었냐고 묻자, 심각한 과소화 마을의 이야기라고는 생각하기 어려운 답을 했다.

"마을 사람들에게서 다양성을 깊이 수용하는 마음을 느꼈기 때문입니다."
"인간관계도 자유롭고 사람과의 거리감도 절묘하다는 사실이 마음에 들었습니다."
"여러 분야의 다양한 전문가가 모여 있고 도시 같은 분위기도 있습니다. 그러다 보니 사람들과 거리가 가까워져 교류 기회도 많아졌고, 도쿄 같은 도시에서 살 때보다 신선한 자극을 느끼게 되어 좋았습니다."

이주자들도 비슷한 이유를 이야기했다.

"이 마을 사람들은 외지인에게 개방적이며 긍정적입니다."
"무언가 새로운 일이 생길 것 같은 창조적인 분위기가 느껴집니다."
"설레는 분위기가 있어서 좋았습니다."

그런 시골 마을이 있을까. 시골이라면 으레 외지인을 받아들이지 않을 것 같은 폐쇄적인 이미지가 있다. 왜 가미야마는 정반대의 이미지로 회자되는 걸까.

마을을 바꾼 이상한 NPO, 그린밸리

"정말 이상한 마을이지요."라고 말하는 주민 에비나 미치코(海老名 三智子)를 만난 건 그런 생각을 하고 있을 때였다. 에비나는 가미야마 진료(神領)초등학교 교사이지만 당시에는 나루토(鳴門)교육대학원에 다니고 있었다. 그녀는 학생들에게 이주자가 늘고 IT 기업이 진출하게 된 마을의 변화를 가르치려고 연구하고 있었다.

다른 지역에서 나고 자랐다가 20여 년 전에 결혼하면서 가미야마 주민이 된 그녀는 오랫동안 이 마을이 변할 수 있으리라고 생각하지 않았다. 그러나 6년쯤 전부터 이주자가 늘기 시작하고 그들의 입에서 "이 마을은 왠지 자유롭고 외지인을 받아들이는 관대함이 있다."라는 소리를 듣게 되었다.

확실히 그런 느낌이 생겼습니다. 하지만 처음부터 그런 마을은 아니었습니다. 그런 변화가 나타날 수 있었던 데에는 역시 그린밸리(Green Valley)●의 힘이 컸다고 생각합니다.

● https://www.in-kamiyama.jp/npo-gv

그린밸리는 가미야마 이주 촉진과 IT 기업 유치를 담당하는 NPO(비영리단체) 법인이다. 그러나 일개 NPO 법인이 마을을 바꾸는 것이 가능한 일일까. 그런 의문을 품고 나는 그린밸리 사무실을 방문했다.

그린밸리 사무실은 면사무소가 있는 진료 지역의 고지대에 있다. 예전에는 초등학교 건물이었는데 이제는 농촌환경개선센터로 활용되고 있고, 그곳을 면으로부터 위탁 관리하는 그린밸리 사무실이 1층에 있었다. 사무국 직원은 6명이고 55명의 회원은 거의 모두 마을에 거주하고 있었다. 9명의 이사 가운데 이사장을 맡고 있는 오오미나미 신야(大南 信也)는 그린밸리 이름의 유래를 이렇게 말했다.

2004년 12월에 NPO를 설립할 때, 아무것도 없는 시골이던 미국 실리콘밸리가 IT 산업의 발상지가 된 것처럼 뭔가가 새로 생겨나는 창조적 마을로 만들고 싶다고 지인들과 이야기를 하곤 했습니다. 실리콘밸리와 이름은 비슷하지만 우리 마을에는 반도체 원료인 실리콘도 없었습니다. 그 대신 사람 사이의 인연은 아주 많았기 때문에 이름을 그린밸리라고 지었습니다.

그렇다고 해도 어째서 실리콘밸리였을까? 그 이유는 그의 경력을 보면 알 수 있다. 그는 실리콘밸리의 명문 스탠퍼드대학의 대학원에 유학한 경험이 있는 이색적인 건설업자였다. 그는 지역

그린밸리의 오오미나미 신야 이사장.

의 건설 회사인 오오미나미건설과 오오미나미콘크리트공업의 대표이사를 맡고 있었다.

그러나 '지역의 건설 회사 사장'이라는 고정된 이미지로 보기에는 꽤 예상 밖의 모습이었다. 개방적이고 수평적인데다, 침착하고 말주변이 좋아 지적이면서도 자신의 생각을 강요하지 않았다. 대화 상대가 장관이든 대학생이든 똑같이 대했다. 언제나 웃는 얼굴로 유머를 잃지 않았다. 너무 추켜세우는 감이 있긴 하지만, 그에 대한 주변의 인물평은 이주자들이 말하는 가미야마의 이미지와 겹치는 것이 많았다.

그런 오오미나미의 캐릭터는 어떻게 만들어진 것일까.

가미야마의 기원은 실리콘밸리

1953년 건설 회사를 경영하는 집안의 장남으로 태어난 오오미나미는 미국을 동경하는 소년으로 자랐다. 고교 시절에는 미국 역사서를 탐독했다.

시골의 갑갑한 분위기 속에서 자랐기 때문에 왠지 자유롭고 광대한 미국에 반했습니다. 1960~1970년대 일본에서는 '선진국 하면 역시 미국'이라는 이미지가 강했기 때문입니다.

오오미나미는 도쿄의 대학에서 이공학부를 졸업하고 1977년 실리콘밸리에 있는 스탠퍼드대학 대학원으로 유학을 갔다. 같은 해 스티브 잡스가 애플 II를 발표했다. 오오미나미는 PC 여명기를 맞이한 실리콘밸리에서 그 분위기를 체감하게 된다. 당시 미국의 대학에서는 이미 일부 수업에 실리콘밸리에 있는 제록스, HP 등 IT 기업이 지원하고 있었다. 대형 컴퓨터를 쓸 수 있도록 강의실을 24시간 개방하여 한밤중에도 프로그래밍에 몰두하는 학생이 끊이지 않았다.

이제까지 없었던 뭔가가 생기는 분위기를 느낄 수 있는, 아주 자극적인 하루하루였어요.

캠퍼스에서는 유럽, 아프리카, 아시아 등 세계 각지에서 모인 학생들과 교류하고 토론했다. 그는 높다란 푸른 하늘이 펼쳐진 캘리포니아에서 2년 동안 마음껏 자유를 누렸다.

미국 회사에서 느낀 개방감이나 자유롭게 다양성을 받아들이는 분위기가 그린밸리에 반영됐다고 생각합니다. 그래서 그린밸리의 기원은 실리콘밸리에 있을지도 모르겠습니다.

1979년 오오미나미는 2년간의 미국 유학을 마치고 가미야마에 돌아왔다.

가업을 잇기로 아버지와 약속을 했기 때문에 저항이나 미련은 없었습니다.

푸른 눈의 인형과의 만남

고향에 돌아온 오오미나미는 가업인 건설업에 전념하며 일을 배우고 결혼을 해 두 명의 아이도 생겼다. 그러나 과소화하는 작은 마을에 살면서 뭔가 좀 더 재미있는 마을이 될 수 없을까 생각하게 된다. 그러던 중 1990년에 기회가 찾아왔다.

그것에서부터 가미야마 마을 만들기가 시작되었습니다.

오오미나미가 회상하는 '그것'은 태평양전쟁 전에 미국에서 가미야마의 초등학교에 보낸 푸른 눈의 인형과 만난 일이었다. 아이들이 다니는 진료초등학교 학부모회의에 참석하기 위해 학교를 방문했던 그는 복도에 걸려 있는 인형에 눈이 멈췄다. 유리 상자에 든 여자아이 인형은 38센티미터 크기였고 까만 드레스에 하얀 레이스가 달린 옷을 입고 있었다.

이 인형은 1927년, 일본인 이민 문제로 악화되고 있던 미일 관계 속에서 일본에 우호적인 미국인들이 '우호의 증표로 일본 어린이에게 인형을 보내자'고 전국에 호소하여 일본 전국의 초등 학교와 유치원으로 보낸 약 1만 2000개 인형 가운데 하나였다.

그러나 태평양전쟁이 발발하면서 '적국의 인형'이라며 대부분 이 찢기고 불태워져 전국에 300여 개만이 남게 되었다. 당시 이 학교의 교사가 인형은 죄가 없다며 숨겨놓은 덕에 이 인형은 무 사했다. 진료초등학교는 그의 모교이기도 했지만 이날 인형을 보 기 전까지 과거에 그런 일이 있었다는 것을 전혀 몰랐다.

찬찬히 보니 인형 옆에는 여권이 있어서 출신지와 이름도 알게 되었습니다. 인형만 보내지 않고 여권도 함께 보낸 미국인 특유의 유머를 느낄 수 있었습니다. 이 여권으로 인형을 보내준 사람을 찾아서 미국으로 인형을 귀향시키면 재미있지 않을까 하는 생각이 들었습니다.

작은 성공 체험을 축적하다

오오미나미는 곧바로 인형의 출신지인 미국 펜실베이니아주 윌 킨스버그시 시장 앞으로 여권에 쓰여 있는 이름인 '앨리스 존스 턴'이라는 사람을 찾아봐달라고 편지를 보냈다. 반년 뒤에 미국에서 온 답장에는 동명의 여성이 인형을 보낸 것은 맞고, 당시 농아학교 교사였던 이 여성은 이미 사망했다고 적혀 있었다. 이어서 그녀의 친척이 같은 지역에 살고 있다는 사실도 함께 적혀 있었다.

> 일본 어린이에게 인형을 보내준 답례로 인형을 미국으로 돌려보내는 귀향 행사를 하자. 그렇게 하면 일본과 미국의 풀뿌리 국제교류가 이루어지겠지.

오오미나미는 이런 생각을 당시 진료초등학교 학부모회 회장 사토 히데오(佐藤 英雄)와 전임 회장 이와마루 기요시(岩丸 潔), 그리고 친구 모리 마사키(森 昌槻) 등에게 전했다. 이와마루는 그때의 일을 잘 기억하고 있었다.

> (오오미나미는) 들떠서 우리들에게 그런 이야기를 했지요. 우리도 그거 재미있겠다며 덩달아 바로 해보자고 했어요.

그리하여 1991년 3월 앨리스 귀향 추진위원회가 구성되었는데 순식간에 참여의 목소리가 줄을 이었다. 진료초등학교 교사와 졸업생, 상공회, 각 마을 대표, 거기에 초중고교생들을 포함하여 총 30명의 방문단을 결성했다. 같은 해 8월에 드디어 '인형의 귀향'이 실현되었다.

그린밸리 설립 멤버. 왼쪽부터 사토 히데오, 오오미나미 신야, 이와마루 기요시, 모리 마사키.

월킨스버그시는 오오미나미 일행을 환영했다. 미국에 머무는 동안 숙소를 제공했고 마음을 담은 환영 파티도 열어주었다. 지역 신문에서는 일본 작은 마을의 방문 소식을 1면에 실었다. 미국과 일본의 풀뿌리 국제교류는 두루두루 성공적이었다.

미국에 30명이 건너간 것은 이 작은 마을에서는 그저 단순한 일이 아니었다.

사토는 "아이들을 인솔하여 외국에 나가면서 여행사 도움도 없이 항공권 구매까지 모두 스스로 했습니다. 그렇기 때문에 성취감도 느꼈고 자신감도 붙었습니다."라고 말했다.

이와마루는 "자신들이 즐겁다고 생각하는 일을 하고 나니 풀뿌리 교류가 이루어졌어요. 네다섯 명이 힘을 모으면 여러 가지 일을 할 수 있다는 것을 알게 되었습니다."라고 했고, 모리는 "성공 체험을 공유하는 것으로 다음에 또 무엇을 해보자는 힘이 생겼습니다. 일단 한번 해보면 뭔가 되지 않을까 하는 분위기가 생긴 겁니다."라고 말했다.

가미야마의 IT 기업 유치와 이주 촉진을 담당하는 그린밸리의 모토는 '일단 한번 해보시라니깐요!'이다. 이 말에 힘을 얻어 이주를 결심한 청년들도 많다. 이 말은 영어 'JUST DO IT!'의 아와 지역 사투리지만, 이 문장에서 사반세기 전에 경험한 국제교류를 성공시킨 체험이 마을에 변화를 일으킨 기점이 되었음을 알게 되었다.

국제교류 이후 기세등등해진 오오미나미와 동료들은 1992년에 다음 활동의 발판으로 삼을 단체로 '가미야마 국제교류협회'를 결성했다. 이사장은 오오미나미가 맡았고 모리, 이와마루, 사토 등 미국에 같이 갔던 사람들이 중심 멤버가 되었다. 이 단체는 2004년에 탄생하는 그린밸리의 전신이라고 할 수 있다.

낯선 외지인에게 익숙해지다

이듬해인 1993년 가미야마 국제교류협회는 외국어 지도교사 연수 프로그램을 마을에 유치했다. 도쿠시마현에서는 2학기부터 교단에 설 20~30명의 외국인 청년들에게 8월 하순에 3박 4일의 연수를 실시하고 있었다. 그 연수 개최지 공모에 가미야마 국제교류협회가 신청한 것이다.

시골 마을에서 외국인이라면 완전히 낯선 외지인이다. 그런

데 왜 이 연수를 유치하는 데 지원한 것일까. 오오미나미는 그 이유를 이렇게 말한다.

시골에서는 거의 볼 일이 없는 외국인들이 단 4일만이라도 마을에 넘쳐나면 재미있겠다는 생각 때문이었습니다. 또 다른 이유는 가미야마 어린이들에게 국제교류 기회를 제공하고 싶었습니다. 그래서 아이와 학생이 있는 집에 외국인 교사의 홈스테이를 하게 했습니다. 그로부터 매년 한여름 4일 동안 가미야마에서는 평소에 거의 볼 수 없는 외국인이 마을에 넘쳐나게 되었습니다.

사정 모르는 마을 사람은 "오늘 가미야마 온천에 가니 벌거벗은 외국인이 여럿 있었어."라며 눈을 동그랗게 떴지만 '가미야마 위크(Kamiyama Week)'로 불리는 이 프로그램은 외국인 교사들로부터 높은 평가를 받으며 2005년까지 13년간 계속되었다.
오오미나미는 당시 분위기를 이렇게 회상한다.

매해 반복되니까 사람들도 익숙해지더라고요. 특별한 일도 아니게 되고, 영어를 못하지만 손짓 발짓으로 의사소통하는 어르신을 보는 일이 일상이 되어버렸습니다.

이 13년간의 외국인 연수를 통해 호스트 패밀리가 된 곳은 수백 가구가 넘는다. 불과 5300여 명이 사는 마을에서는 큰 숫자다. 이를 통해 주민들은 외지인과 익숙해졌고, 이것이 가미야마가 개방적으로 다양성을 받아들이는 지역으로 바뀌는 큰 계기가 된 것은 틀림없다.

세계적인 예술가 마을을 만들자

1997년 2월 조간신문을 읽고 있던 오오미나미는 한 기사에 주목했다. 도쿠시마현이 발표한 새로운 장기 프로젝트 중에 '도쿠시마 국제문화촌 구상'이라는 사업을 발견한 것이다. 신문에는 프로젝트에 대해 "도시와 가까운 중산간 지역을 세계에 개방하는 다양한 교류를 추진한다."는 세 줄로 된 짧은 설명이 있었다.

> 이거야말로 우리 마을에 딱 맞는 사업이잖아! 국제문화촌을
> 가미야마에 만들자고 생각했습니다.

국제문화촌 구상에 강한 관심을 가진 또 한 사람이 있었다. 오오미나미와 함께 미국에 갔던 국제교류협회 멤버 모리 마사키였다. 마을에서 오토 캠핑장을 운영하던 모리는 예전에는 축산 낙농업을 했다. 송아지를 분양하기 위해 전국을 돌아다닐 때, 예술가들이 작업실과 갤러리를 만들고 살아가는 멋진 마을이 된 나가노현 가루이자와와 야마나시현 기요사토고원을 보고 반해

버렸다.

전문적인 지식은 없지만 예술에는 사람을 감동시키고 사람을
불러들이는 힘이 있다고 막연하게 생각하고 있었습니다.

그 동경심을 기억해낸 모리는 가미야마에 외국인 예술가를
불러들여 세계적인 예술가 마을을 만들자고 국제교류협회에 제
안했다.

아티스트 인 레지던스

그러나 오오미나미와 모리는 예술가촌을 만드는 방법을 알 수 없
었다. 오오미나미가 아는 도쿠시마현 직원에게 상담했더니 직원
은 이렇게 알려주었다.

가미야마에서 지금 당신들이 해보려는 계획에 제일 맞는 형식은
아티스트 인 레지던스(Artist In Residence)가 아닐까요?

아티스트 인 레지던스? 처음 듣는 말이었다. 직원은 이렇게
설명했다.

예술가를 초빙해서 일정 기간 동안 지역에 머무르게 하고

이거다! 오오미나미는 국제교류협회에 아티스트 인 레지던스를 제안했다. 그러나 항공비와 체재비를 지원할 자금도 없고 마을에는 변변한 작업실조차 없는 열악한 형편이었다. 국제교류협회의 회원들은 분주히 면사무소와 도쿠시마현에 보조금을 요청하고 자신들의 기부금까지 포함해 간신히 440만 엔을 모았다. 예술가의 작업실은 폐초등학교 교실을 사용하고 숙소는 맨 처음 말을 꺼낸 모리가 경영하는 오토 캠핑장을 이용하기로 했다.

그리하여 1999년 가을 가미야마 아티스트 인 레지던스(Kami-yama Artist In Residence, KAIR)를 시작했다. 1년차에는 9월 초부터 11월 초까지 영국, 일본, 프랑스에서 각 한 명씩 총 세 명이 가미야마에 머물면서 작품활동을 했다.

추구하는 가치는 결과가 아니라 과정

그런데 2년차가 되던 해에 문제가 발생했다. 예술가 선발을 담당하던 전문가가 운영 방침에 이견을 제시하고 대립하다가 떠나버린 것이다. 응모자 선발에는 네 명이 응모했는데, 그 전문가는 그 가운데 자신이 추천한 세 명을 선발했다. 국제적으로도 평판이 높은 예술가를 오게 해야 한다는 것이 선발의 이유였다. 그는 "능력 있는 예술가가 수준 높은 작품을 남겨야 레지던스의 가치가

예전에 시모분유치원이었던 작업실에서 작품을 만드는 네덜란드 예술가 머레인 팬 크레이(2016).

높아진다."고 주장했다.

현재 아티스트 인 레지던스는 일본 전역에서 60개 이상 운영되고 있다. 지방자치단체가 주도하는 곳이 많으며 세금으로 운영되기 때문에 일류 예술가를 초대해 좋은 작품을 만들게 하고 손님을 불러들이는 형식이 대부분이다. 그런 상황에서 전문가의 주장은 누구도 반박하기 어려운 정론이었다.

그러나 오오미나미 일행이 추구하는 가치는 좋은 작품을 남기는 '결과'가 아니었다. 이름 없는 젊은 예술가라도 상관없었다. 가미야마 주민이 작품 만들기를 도와주고 교류를 추구하는 '과정' 자체에 가치가 있다고 생각한 것이다.

어느 쪽이 옳고 어느 쪽이 틀리다는 이야기가 아니다. 그러나 아티스트 인 레지던스를 둘러싼 본질적인 견해 차이 때문에 전문가를 잃은 오오미나미 일행은 다시 마음을 다잡았다.

일단 지역 주민들이 주체가 되어 작품을 뽑기로 했다. 장르도 제한하지 않고 모두 접수했다. 그렇게 제한 없는 방식으로 해외 예술가를 끌어들이려는 시도가 흥미로웠다. 아티스트 인 레지던스에는 국내외에서 회화, 조각, 사진, 비디오 작품에서부터 공간 예술, 춤 등의 퍼포먼스까지 장르를 불문한 여러 재능을 가진 예술가가 모여들었다. 2년차에 네 명이었던 응모자는 매년 늘어나 17회째인 2015년에는 163명까지 늘어났다. 그중 해외 예술가는 141명이다.

오오미나미는 이렇게 말한다.

어쩔 수 없이 한 일이었습니다. 그럼에도 불구하고 오히려 영역이 넓어지고 응모자가 늘어났습니다.

무(無)를 전제로 생각하다

이 시기에 오오미나미가 '어쩔 수 없이' 한 일이 또 하나 있다. 레지던스를 시작한 지 2년째 되었을 때 모집 광고에 다음과 같은 문구를 추가한 것이다.

만족할 만한 시설을 원한다면 가미야마는 당신이 찾는 곳이 아닙니다. 풍족한 자금을 원한다면 가미야마는 당신이 찾는

곳이 아닙니다. 그저 일본 시골 마을에서 마음 따뜻한 사람들과
이야기를 나누고 싶다면, 사람 중심의 프로그램을 찾고 있다면,
가미야마야말로 당신이 원하는 장소임에 틀림없습니다.

예술가라는 낯선 존재

실제로 아티스트 인 레지던스는 예술가 선발부터 작품 제작 지
원까지 운영 전체를 마을 주민이 담당했다. 그린밸리는 예술가를
받아들이기 전에 마을에서의 생활을 상담해주는 '어머니 역할',
작품 만들기 지원을 하는 '아버지 역할'을 할 사람들을 미리 정해
놓았다. 운영의 핵심 멤버는 약 15명이었지만 그 인원만으로 대
응하기 힘들면 아는 주민들에게도 도움을 요청했다.

　대형 야외 작품을 만들 때에는 열 명이 넘는 사람들이 제작
에 협력했다. 예를 들어, 2012년에 데쓰키 히데아키(出月 秀明)가
제작한 「숨겨진 도서관」이 그중 하나다. 그는 마을 중심부에 있는
오오아와산(大粟山) 중턱에 자그마한 도서관을 만들었다. 작다
고는 하지만 기초 공사도 필요했다. 중장비를 다룰 줄 아는 주민
의 협조로 작품이 완성되었다.

　제작 과정에 자연스럽게 마을 사람을 포함시킨 작품도 있다.
2010년에 초대한 히로타 미도리(廣田 緑)의 「가미야마 88인 순
례」라는 작품에서는 88명의 어르신들이 자신들의 전쟁 체험을
이야기했다.

오오아와산에 설치된 데즈키 히데아키의 작품「숨겨진 도서관」(2012). 주민들은 일생 동안
세 번, 즉 졸업, 결혼, 퇴직 등의 전환기에 책을 이 도서관에 기증한다. 도서관은 책을 기증하는
것보다는 기억을 공유하고 지난 일을 추억하는 장소로 더 많은 의미를 갖게 되었다.

2013년에 네덜란드에서 초대된 아베 사야카(あべ さやか)의
작품은 가미야마 특산품 우메보시를 들고 만나는 사람마다 맛
을 봐달라고 하고 그 순간을 카메라로 촬영한 것이다. 그렇게 주
민 60명의 자연스러운 표정을 담아「우메보시 초상화」라는 작품
을 만들었다.●

1999년에 시작된 레지던스는 2017년까지 21개국 68명의 예
술가를 초대했다. 가미야마에 초대된 예술가들은 지역 초·중·고
등학교에서 수업도 한다. 가미야마는 예술가라는 낯선 존재를
받아들이면서 한층 더 외지인에게 개방적인 마을로 진화했다. 레

●「우메보시 초상화」작업 소개 영상은 http://sayaka.nl/umeboshi-portrait 참조.

지던스의 주체였던 가미야마 국제교류협회는 2004년 12월 NPO 법인 그린밸리로 이어지게 되었다.

예술가 지원에 이어 이주자 지원으로

의외라고 생각할 수도 있지만, 가미야마는 원래 이주나 I턴[*]과는 거의 인연이 없는 마을이었다. 그런 가미야마의 사정이 바뀌기 시작한 것은 아티스트 인 레지던스 프로그램을 계기로 2002년부터 예술가가 마을에 정착하게 되면서부터다.

레지던스의 기초가 된 세계 예술가 마을을 제안한 모리 마사키는 이렇게 말한다.

원래 레지던스는 이주자를 늘리는 것이 목적이 아니었기 때문에 가미야마에 살고 싶다는 사람이 나타났을 때 조금 놀랐습니다. 그런데 빈집을 빌리는 것도 소유자와 교섭하는 것도 주민 스스로 해야 하는 일이었기 때문에 가미야마에는 서서히 자연스럽게 이주자를 받아들이는 노하우가 축적되었습니다.

타이밍이 참으로 절묘했다. 때마침 그린밸리에 노하우가 축적

● 도시와 농촌 사이의 이동은 U턴, J턴, I턴 등 세 가지로 구분한다. U턴은 고향 농촌→도시→고향 농촌으로 이동, J턴은 농촌→도시→다른 지역 농촌으로 이동, I턴은 도시→농촌으로 이동을 의미한다.

되었을 때 도쿠시마현이 이주교류지원센터 사업을 개시했다. 이 사업은 2007년부터 일제히 정년퇴직하기 시작하는 단카이(団塊) 세대(전후 세대)*가 도쿠시마현에 이주하도록 시군구에 센터를 설치하라고 독려했다. 이 사업으로 인해 2007년에 가미야마를 비롯한 다섯 곳에 이주교류지원센터가 설치되었는데, 이미 이주지원 실적이 있는 그린밸리가 이 센터를 위탁 운영하게 되었다.

이주자를 '역지명'하는 역발상

이주지원에 나선 그린밸리는 마을에는 일이 없으니 일거리를 가지고 오는 이주자를 찾자는 묘책을 강구했다. 일거리를 가지고 있는 사람이 지역을 선택하는 것이 아니라 주민이 일거리를 가진 사람을 '역지명'하자는 '역발상'이었다. 원래 과소화에 직면한 지방자치단체의 고민은 일자리가 없다는 것이다. 도시에서 이주자를 불러들여도 정작 지역에는 일할 곳이 없다. 이런 지역으로의 이주지원은 오로지 농림어업을 시작하고 싶어 하는 '기특한' 청년들을 불러 모으는 방식이 대부분이었다. 그러나 그런 청년들은 한정되어 있기 때문에 안 그래도 작은 지역의 파이(pie)를 빼앗아 먹는 상황이 되기 쉽고 그에 따라 지방자치단체의 지원을 받기 위한 경

● 전후인 1947~1949년 사이에 태어난 일본의 베이비붐 세대를 의미한다. 1970년대와 1980년대 일본의 고도성장을 이끈 세대로 평가된다.

쟁이 극심해질 뿐이었다. 슬프지만 이것이 일본 지방의 현실이다.

그런데 가미야마는 달랐다. 일이 없다면 일을 가진 사람을 불러들이면 되지 않느냐고 생각한 것이다. 누가 그런 생각을 했을까? 오오미나미에게 물어보니 니시무라 요시아키(西村 佳哲)라고 알려주었다. 아티스트 인 레지던스가 시작된 지 8년째인 2007년, 그린밸리는 자신들의 활동을 소개하는 홈페이지를 만들기로 했다. 홍보를 강화하기 위한 것이었다. 정부에서 홈페이지 제작 지원금도 받아서 2007년도 안에 홈페이지를 개설하고자 했지만 여름이 되어도 제작은 잘 진행되지 않았다.

다급해진 오오미나미는 시코쿠 경제산업국의 아는 직원에게 예술과 웹 제작을 모두 잘 알고 있는 사람을 소개해달라고 부탁했다. 그렇게 소개받은 세 명 가운데 니시무라가 있었다. 니시무라는 웹디자인과 기획 등을 하는 회사인 '리빈구와루도(リビングワ-ルド)'를 경영하는 한편 미술대학에서 강의도 했고, '일자리 연구가'라는 직함과 함께 저서도 다수 있었다. 오오미나미는 바로 도쿄로 날아가 니시무라를 만나 홈페이지 제작에 대한 이야기를 꺼냈다.

도쿄에서 자라서 과소화 마을과는 무관한 삶을 살고 있던 니시무라는 자신이 가미야마에 가서 과연 무엇을 할 수 있을지 불안해했다. 오오미나미는 "2박 3일 일정으로 가미야마를 방문해주세요. 그동안 선생님이 무엇을 할 수 있을지 고민해보시죠."라고 제안했다.

발상을 전환하여 워크 인 레지던스를 제안한 니시무라 요시아키.

장벽을 거두면 이주자가 올까

2007년 9월 가미야마에 온 니시무라는 그린밸리 회원으로부터 그동안 어떤 일을 해왔고 어떤 홈페이지를 만들고 싶은가에 대한 의견을 들었다. 그가 흥미롭게 생각한 것은 아티스트 인 레지던스의 운영 방식이었다. 앞서 이야기한 것처럼 초빙 예술가에게 응모 단계에서 충분한 지원금과 시설이 없다는 것을 설명한 후에 사람 중심의 프로그램을 찾는 사람은 와달라고 했고 그 모든 과정을 전문가에게 의뢰하지 않고 주민들이 직접 선택하는 방식으로 진행했다는 사실이 그의 흥미를 끌었다.

천객만래(千客万来)●형처럼 일단 많은 사람을 끌어오는 것이

● 천객만래는 많은 손님이 번갈아 찾아온다는 의미다.

능사가 아니라 마을의 단점도 기꺼이 개방하며, 이주자를 주민이 선택하는 것은 대단히 바람직한 접근 방식이라고 생각했습니다.

니시무라가 들은 이야기 중에는 "이주자를 원하는데 일자리가 없다."는 탄식도 있었다. 그는 그날 밤 단숨에 홈페이지 기획안을 작성했다. 그는 아티스트 인 레지던스 홍보안과 함께 여러 가지를 포함하여 '워크 인 레지던스'를 제시했다.

다음 날 니시무라는 그린밸리 회원들 앞에서 홈페이지 기획안을 발표했다. 오오미나미는 당시 그의 발표를 이렇게 기억하고 있다.

아티스트 인 레지던스는 전문 예술가가 자신의 일인 예술을 가미야마에 살면서 하는 것을 의미하지요. 지역에 고용 기회도 없고 일도 없다고들 말하지만 일을 가지고 있는 사람에게 이주를 권하면 이 문제는 자연스럽게 해결되지 않겠습니까? 우리 마을에 필요한 직종의 사람을 모집해서 응모자 가운데 주민들과 잘 맞을 만한 사람을 선택하면 좋지 않을까요?

이른바 지역이 이주자를 '역지명'하는 발상이었다. 한편 니시무라는 비어 있는 옛집의 부동산 정보를 홈페이지에 게재하기를 제안했다. 기왕 시골에서 산다면 옛집에 살아보는 것도 좋겠다고 생각하는 도시 청년들을 대상으로 한 것이다. 이런 발표를 보며 오오미나미는 깊이 공감했다.

결혼할 때 상대도 모르고 선착순이나 추첨으로 결정하나요?
이주도 마찬가지겠죠. 지역이 납득할 수 있는 사람을 보고
결정하는 것이 당연한 일이라고 생각합니다. 지금까지 지역
주민과 원만하게 지내지 못하고 떠난 이주자도 있었습니다.
이주자에게도 주민에게도 이러한 잘못된 만남은 피하는 게 좋은
일이죠.

한편으로 오오미나미는 이렇게 해서 과연 이주자가 올까 하
는 불안감도 느꼈다. 산속 시골 마을에 이주하고 싶어 하는 사람
이 얼마나 있을지도 모르는 상황에서 희망자 중에 일을 가지고
있는 사람을 선발하는 것이 과연 현실적일까. 그렇지만 니시무라
의 생각은 달랐다. 도시 청년들을 잘 알고 있는 그는 일거리를 가
지고 있어도 어디에 이주해야 좋을지 망설이는 청년들이 분명히
있다고 확신했다. 올 사람은 반드시 있다는 그의 주장은 어느덧
실현되어갔다.

민간이 주도하는 것의 장점

오오미나미의 또 다른 걱정은 일거리를 가진 희망자만 뽑는 것
이 오히려 차별이 될 수도 있다는 것이었다. 관공서에서 하는 일

은 '공평·평등 원칙'이 기본인데 그 기준으로 보면 이주교류지원센터를 위탁 운영하는 입장에서 이런 역지명이 가능할까 하는 우려였다.

오오미나미는 지원센터 설치를 시군구에 독려한 도쿠시마현 고문변호사에게 이 발상의 현실성에 대해 자문을 구했다. 변호사에게 "과소화와 저출생, 지역경제 쇠퇴 등 지역 과제를 극복하기 위해 반드시 필요한 방식입니다."라고 호소하자 변호사는 "지역이 그렇게 판단했다면 문제가 없습니다."라고 답변했다.

애초부터 민간이 주도하지 않았다면 이런 묘책을 제시하기 어려웠을 것이다. 다른 지방자치단체처럼 행정 기관이 교류지원센터 업무를 담당했다면 이주자 선별에 주민이 관여하는 워크인 레지던스가 과연 실현될 수 있었을까.

고토 마사카즈(後藤 正和) 가미야마 면장의 답변은 명쾌했다.

그 말이 맞습니다. 관공서에서는 절대 있을 수 없는 일입니다. 공평·평등의 취지를 가진 관공서가 이주 희망자를 선별하는 일은 있을 수 없습니다. 그래서 관공서에서도 선착순과 추첨 이외에는 달리 방도가 없습니다. 유연한 발상을 가진 민간이었기 때문에 그런 시도가 가능했던 겁니다.

2008년 당시 'in 가미야마' 홈페이지.

가미야마다운 홈페이지 'in 가미야마'

2008년 6월 그린밸리 홈페이지 'in 가미야마'를 개설하자 가미야마에 이주하고 싶다는 청년들의 문의가 이어졌다. 그 이유는 'in 가미야마'의 콘텐츠 때문이었다. 당시에 만든 콘텐츠들은 이렇다.

우선 '가미야마에서 예술을' 게시판에는 1999년부터 국내외 예술가를 초빙하는 '아티스트 인 레지던스' 프로그램을 소개하여 외지인에게 열려 있는 예술가 마을의 이미지를 알렸다.

가미야마 주민의 칼럼 게시판인 '가미야마 일기장'에서는 어떤 사람들이 살고 있는 마을인지에 대한 구체적인 이미지를 떠올리게 했다.

게다가 어떤 옛집이 있고 얼마를 내면 빌려 쓸 수 있다는 정보를 '가미야마에 살아보자' 게시판에 올려서 이주를 구체적으로 생각할 수 있도록 자연스러운 흐름을 만들어냈다.

홈페이지의 흐름을 만든 니시무라는 이렇게 말한다.

내가 무엇보다도 재미있다고 생각한 것은 가미야마에서 만난
사람들입니다. 그래서 사람에 초점을 맞추자고 생각했습니다.

일본인이지만 왠지 '니콜라이 씨'라고 부르고 싶은 할아버지,
말을 걸면 끝도 없이 세상 사는 이야기하기를 좋아하는 할머니
등등…….

이런 사람들이 있는 마을에서 살고 싶다고 생각하게 만드는
매력적인 주민들을 만났기 때문에 (홈페이지의) 일기장 콘텐츠를
채울 수 있었습니다. 그런 다음에 이주자가 알고 싶어 하는
정보를 올려놓은 겁니다.

니시무라는 일감을 갖고 도시에 살면서 도시 밖으로 이주할 곳을 찾던 사람 중의 한 명이었다. 그런 당사자가 홈페이지를 매력적으로 만든 것은 너무나도 당연했다.

홈페이지 공개 후에 문의한 이주 희망자 중에는 제빵사와 시스템 엔지니어 등 일감을 가진 사람들이 늘어났다. 그동안 걱정해왔던 오오미나미도 이 정도면 되겠다고 생각했다. 실제로 그의 기대가 실현된 자세한 이야기는 3장에서 하겠다.

창조적 과소

또 하나 강조하고 싶은 내용이 있다. 그린밸리가 가미야마로의 이주를 독려하기 위해 나섰을 때 오오미나미가 생각해낸 '창조적 과소'라는 말이 있다. 이 말은 도대체 어떤 의미일까.

2014년 8월 27일 총리 관저에서 열린 '마을·사람·일과 창생에 관한 전문가 간담회'에서 오오미나미는 아베 신조(安倍 晋三) 총리에게 '창조적 과소'에 대해 이렇게 설명했다.

저는 약 7년 전에 '창조적 과소'라는 말을 만들었습니다. 일본 전체 인구가 감소하는 가운데 과소화 지역의 인구감소는 불가피합니다. 그 사실을 받아들이되 숫자가 아니라 내용을 바꾸면 좋지 않을까 하는 발상을 했습니다. 도시 청년을 유치하는 일로 인구구성을 바꾸고 다양한 업무방식을 실현하여, 농림업에만 의존하지 말고 균형이 맞는 지속가능한 지역을 만들자고 생각한 것입니다.

인구감소 자체에 대처하는 방법은 없지만, 이주를 통해 인구 구성을 바꾸는 방법으로 지속가능하면서 풍요로운 지역을 만들 수 있다고 말한 것이다. 이 사고방식을 기초로 그린밸리는 15세 미만의 어린이가 두 명 있는 4인 가족 다섯 팀, 모두 20명을 매해 받아들이자는 목표를 제시했다.

오오미나미는 이렇게 말한다.

아무리 이주를 독려해도 인구감소가 갑자기 증가로 변하기는 무리라는 것을 잘 알고 있었습니다. 그렇다면 인구감소가 계속되었을 때 주민이 제일 걱정하는 점이 뭘까 생각해봤습니다. 머릿속에 떠오른 것은 아동 수가 줄어 지역 초등학교가 없어지는 것이었습니다. 그렇다면 초등학교를 유지하기 위해 얼마만큼의 이주자를 받아들이는 게 좋을까, 구체적인 숫자를 계산해보려고 아는 도쿠시마대학 교수에게 의뢰해 시뮬레이션을 해봤습니다.

그 결과 매해 20명을 받아들이면 마을에 있는 2개의 초등학교가 2035년 시점에 한 학년당 20명으로 학년의 통합 없이 유지될 수 있다는 사실을 알게 되었다. 최악의 상황을 상정하고 그렇게 되지 않기 위해 이주자 유입 목표를 역산해낸 결과다.

2007년 당시 이주자 유입 목표를 인원수까지 산출해낸 지방 자치단체는 거의 없었다. 이렇게까지 한 것이 생각해보면 어이없어 보이기도 하지만 오오미나미는 해냈다. 아무렇게나 이주를 독려하는 것이 아니라 실험 후 정확한 데이터로 목표를 제시했다. 그의 선견지명에 놀랄 수밖에 없었다.

사반세기 이어져온 이유

그린밸리의 궤적을 더듬어보면, 외지인에게 개방적이고 다양성을 받아들이는 시골 마을은 하루아침에 만들어지지 않았음을 알 수 있다. 그린밸리의 중심 회원들이 처음부터 지역을 변화시키겠다는 식의 거창한 생각을 했던 것은 아니다.

이와마루는 이렇게 말한다.

우리는 즐거워서 한 겁니다. 조금 더 재미있는 마을을 다 같이 만들자고 한 것뿐입니다. 좋아하는 것을 해보려고 여러 사람이 들락거리면서 조금은 분위기가 바뀌지 않았나 하는 느낌이랄까요.

오오미나미도 이렇게 말한다.

고리타분한 일에는 사람이 오지 않아요. 하지만 뭔가 재미있다고 생각하면 자연스럽게 사람이 모여들지요.

그러나 한창 나이의 어른들이 모여서 즐겁기 때문이라며 사반세기 넘게 좋아하는 일을 계속한다는 건 희한한 일이 아닐까?

오오미나미는 말한다.

처음부터 이런 마을로 바꿔보자 하는 목표가 있었던 건
아닙니다. 오히려 '결과적으로'라는 말이 제일 어울리겠네요.

호기심 왕성한 어른들의 긍정적인 계획이 사반세기를 지나
외지인에게 개방적이고 다양성을 받아들이는 시골 마을을 만들
어 사람들을 끌어들이고 있다.

2장

IT 기업이
실험하는
창조적
업무방식

보통 가미야마를 '최첨단 과소화 지역'이라고 부른다. IT 벤처 기업이 잇달아 가미야마에 위성사무실뿐만 아니라 본사를 두기도 하기 때문이다. 이주자가 많은 시골 마을은 얼마든지 있다. 그러나 IT 기업이 주로 이주한 마을은 극히 드물다. 가미야마가 전국에서 주목받는 이유가 여기에 있다.

왜 과소화 마을이 최첨단 비즈니스 거점으로 다시 태어났을까? 어째서 다른 업종도 아니고 IT 기업일까. 도대체 기업이 과소화 마을에 진출하면 무슨 장점이 있을까.

업무 혁신을 목표로 한 IT 기업

가미야마에 1호 위성사무실이 생긴 것은 2010년 10월이다. 사무실을 연 회사는 도쿄 시부야에 본사가 있는 산산(Sansan)이라는 IT 벤처 기업이다.(홈페이지는 https://www.sansan.com) 이 회사는 클라우드 명함 관리 서비스를 제공하는데, 거래처와 주고받는 명함 정보를 데이터화하여 회사에서 공유함으로써 새로운 영업활동과 고객 관리에 활용하고 영업력을 강화할 수 있도록 한다. 좀 더 구체적으로 보면, 명함을 스캔하여 그 정보를 산산의 기술자가 입력한다. 그 정보를 클라우드 데이터베이스에 저장하여 계약한 기업의 서버에 보낸다. 그렇게 하면 회사의 누가 거래 기업의 누구와 연결되어 있는지 실시간으로 알게 되는 시스템이다.

산산은 클라우드 명함 관리 분야 시장에서 약 80퍼센트의 점유율을 자랑한다. 고객은 법인 5500개 사, 개인 100만 명을 넘는다.(2017년 1월 기준.) 이 회사는 2007년에 대기업 미쓰이물산을 그만둔 데라다 치카히로(寺田 親弘) 대표가 동료 네 명과 창업했는데 현재 사원은 약 300명이다. 그런 회사가 도쿄에서 500킬로미터 이상 떨어진 시코쿠 시골 마을에 왜 위성사무실을 열었을까? 2016년 봄 나는 데라다 대표를 만나기 위해 본사를 방문했다.

가미야마에 위성사무실을 개설한 기업 목록.(2018년 8월 1일 기준)

	회사명	본사	개설 시기	위성사무실 업무 내용
1	주식회사 산산	도쿄	2010. 10.	명함 관리 클라우드 서비스 기획·개발·마케팅
2	주식회사 단쿠소후토 (ダンクソフト)	도쿄	2012. 3.	소프트웨어 개발(Kinect, iBeacon, kintone)
3	부릿지디자인 (ブリッジデザイン)	가미야마 (치바현에서 본사 이주)	2012. 3.	기획·디자인·코딩·운영 등 웹사이트 업무 전반, 디지털 콘텐츠 제작
4	주식회사 소노리테 (ソノリテ)	도쿄	2012. 5.	NPO 업무 지원(전화 응대, 인력 대행, 발송 업무 등)

5	키네토스코푸 (キネトスコープ)	오사카	2012. 10.	웹서비스 개발·제공, 간사이 지역을 중심으로 크리에이터와 아티스트 체류, 작품 발표와 모임을 할 수 있는 장소 기획
6	주식회사 도로인구안도 아뉴아루 (ドロ―イングアンドマニュアル)	도쿄	2013. 7.	디자인 컨설팅(브랜드 디자인, 각종 그래픽디자인)
7	주식회사 푸랏토이즈 (プラットイーズ)	도쿄	2013. 7.	방송 프로그램 정보에 관한 각종 오퍼레이션. 방송 정보 편집·작성·앱 개발
8	주식회사 엔가와 (えんがわ)	가미야마	2013. 7.	4K·8K 영상 소재 제작·편집· 배급, 아카이빙 대행 서비스, 소재 변환 서비스, 방송 프로그램 정보 작성·편집·배급
9	유한회사 리빈구와루도 (リビングワールド)	도쿄	2014. 8.	디자인 및 기획, 상품 개발, 연수·워크숍 등의 이벤트 기획, 기사·서적 등의 집필·편성·제작
10	특허사무법인 JAZY 국제특허사무소	도쿄	2015. 2.	지적재산권 컨설팅, 상표등록· 의장등록·실용신안등록 출원 대리, 상표등록 전문 웹사이트 운영
11	주식회사 파이롯토 (パイロット)	도쿄	2016. 5.	인터넷 미디어, 웹 제작, 시스템 개발, 패키지소프트 판매, 데이터 센터
12	데라다 3D 웍스	도쿄	2016. 9.	제품 전반 및 자동차 3D 모델링
13	모리그 차우더(AUN CREATIVE FIRM에서 명칭 변경)	가미야마 (오사카에서 본사 이주)	2016. 9.	로고마크, 상품 패키지, 잡지 등 디자인, 콘셉트 메이킹, 책자 제작, 촬영·편집·집필
14	유한회사 힛시구로부	도쿄	2016. 9.	앱 개발, PC 및 모바일 웹사이트 제작 등
15	주식회사 모노사스 (モノサス)	도쿄	2016. 11.	웹컨설팅 사업, 마케팅 컨설팅 사업 등
16	주식회사 다마칸야마와쿠스	도쿄	2017. 5.	먹거리와 농업 관련 이벤트 기획·운영, 고령자 도시락 배달 서비스

2장 IT 기업이 실험하는 창조적 업무방식

실리콘밸리에서 받은 충격

노타이와 흰 셔츠의 캐주얼 차림. 전형적인 벤처 기업인의 모습으로 나타난 데라다 대표는 자사 서비스에 대해서 설명한 후 회사 미션에 대한 이야기를 시작했다.

우리는 클라우드 명함 관리라는 그때까지 존재하지 않았던 새로운 시장을 개척했습니다. 예를 들어 복사기는 어느 사무실에나 있지요. 그와 마찬가지로 5년 후나 10년 후에 클라우드 명함 관리를 하지 않는 기업은 이상한 곳이라고 생각하게 되는 세상을 만들고 싶었어요. 새롭지만 당연한 것을 만들고 싶다고 생각했지요. 그러나 그저 편리한 명함 관리 도구를 만들고 싶은 것이 아닙니다. 비즈니스 만남을 자산으로 바꾸어 기술의 힘으로 비즈니스에서 쓸데없는 것을 배제하고, 사람이 본래 해야 하는 일, 그 사람이 아니면 안 되는 일에 집중하게 하고 싶다고 생각했습니다. 즉 우리들의 미션은 업무방식을 혁신하는 것입니다.

그렇지만 그 미션이 가미야마에 위성사무실을 연 일과 어떤 관계가 있는 것일까.

원래 가미야마에 위성사무실을 두려고 생각한 것은 실리콘밸리에서 본 업무방식 때문이었습니다.

데라다 대표는 미쓰이물산에 재직하고 있을 때, 2001년부터 2년 동안 미국 실리콘밸리에 주재했다. 그때 IT 기업 사원들의 업무방식을 보고 충격을 받았다.

가미야마에 최초로 위성사무실을 연
데라다 치카히로 산산 대표.

실리콘밸리는 시골이어서 차로 조금만 나가면 광활한 푸른 초원이 나타납니다. 사무실도 넓고 직원은 사무실 근처에 살기 때문에 통근시간도 오래 걸리지 않습니다. 그래서인지 꽤 힘든 일을 해도 뭔가 우아하게 보입니다. 쾌적한 자연환경 속에 엔지니어들이 창조적인 일을 하며 새로운 서비스를 잇달아 내놓습니다. 매우 이상적인 환경이라고 생각했습니다.

또 하나, 데라다 대표가 놀란 것은 회사에서 멀리 떨어진 곳에서 일하는 '텔레워크(tele work, 리모트 워크(remote work, 원격 근무)라고도 함)' 방식이 정착되어 있다는 것이었다.

원래 미국은 국토가 넓고 일본 같이 도쿄에만 본사가 집중되어 있지 않기 때문에 편하게 상담하러 가기도 쉽지 않습니다.

2장 IT 기업이 실험하는 창조적 업무방식

그래서 전화 회의가 보통입니다. 영업도 원격으로 하는 것이
당연해서 제가 약속을 잡고 가려고 하면 "뭐 하러 옵니까?
전화로 설명해도 돼요."라고 말할 정도로 장소를 불문한
업무방식이 일상이었습니다.

그렇다면 '일본은 어떤가?' 하고 데라다 대표는 생각했다. 만
원 열차에 통근시간은 길고, 사무실은 좁고 컴퓨터를 보며 장시
간 근무하니 피곤에 지친다. 이미 창업하려고 결심하고 있던 데
라다 대표는 일본에서도 실리콘밸리와 똑같은 업무방식이 가능
하지 않을까 생각했다. 원격 근무로 쾌적한 시골에서 창조적이고
생산적인 일을 해보자. 언젠가 자신도 그런 환경을 만들고 싶다
고 결정한 것이다. 그 생각은 2007년에 회사를 만들 때부터 계속
가슴에 품고 있었다. 그러나 창업한 지 3년이 지났어도 시도하지
못해 부끄러운 마음이었다.

외부에는 "업무방식을 개혁하지 않겠습니까?"라고 말하기도
했지만 우리 회사는 이래도 괜찮을까. 항상 그렇게 생각하고
있었습니다.

고교, 대학 동창생인 건축가 스마 잇세이(須磨 一清)로부터
'재미있는 마을' 이야기를 들은 것은 그즈음이었다.

지금 옛집 재생 프로젝트에 관여하고 있는데 재미있는 마을이야. 아티스트 인 레지던스를 하고 있고 마을에는 외국인이 많고 광통신망이 쫙 깔려 있어.

그곳이 가미야마였다. 홀린 듯이 스마의 이야기를 들으면서 데라다 대표는 생각했다. 광통신망이 깔려 있다면 시골에서도 원격 근무를 할 수 있다. 거기다가 스마가 '재미있는 마을'이라고 하니 '새로운 업무방식'을 실현할 장소로 좋을지도 모르겠다. 데라다 대표는 그다음 주에 스마와 가미야마에 동행했다. 2010년 9월이었다.

지역 공헌 따위는 생각하지 않아도 괜찮아

당시 그린밸리는 이주지원 사업을 시작한 지 3년째였다. 오오미나미 일행은 그 일환으로 '오피스 인 가미야마' 사업을 진행하고 있었다. 상점가의 비어 있는 옛집을 고쳐 일감을 가진 이주자를 불러들이려고 젊은 건축가들에게 옛집 보수를 맡겼는데 그중 한 사람이 스마였다. 스마와 함께 가미야마를 찾은 데라다 대표는 보자마자 오오미나미에게 반해 '시골에 이런 사람이 있다니'라며 놀라워했다.

자신이 주재했던 실리콘밸리에 오오미나미도 유학했던 일, 그리고 그린밸리가 아티스트 인 레지던스 등 여러 활동을 하고 있는 이야기를 들었다. '일본의 시골을 멋지게 바꾸자!'라는 구호를 내건 점도 흥미로웠다. 광통신망이 정비되어 있다면 IT 사업에 지장도 없고 옛집을 수만 엔에 빌려 쓸 수 있다고도 들었다. 모르는 시골 집에 들어가는 일은 그린밸리에 부탁하면 될 일이었다.

그렇게 생각한 데라다 대표는 "이 마을에서 새로운 업무방식을 실험해보고 싶습니다. 그리고 주민들에게 컴퓨터 교육쯤은 해드릴 수 있습니다."라고 의향을 전했다.

상대는 NPO 이사장이다. 데라다는 NPO 활동은 사회 공헌이라고 생각하고 있었다. 그렇기 때문에 그 정도는 제시해야 받아들여질 것이라고 생각했던 것이다.

그런데 오오미나미는 예상 밖의 답을 했다.

지역 공헌 따윈 전혀 생각하지 않아도 괜찮아요. 그런 일보다 이 마을에서 그쪽 회사의 일이 도쿄와 다르지 않게 가능하다는 것을 증명해보는 게 더 좋아요. 시골에서도 도시와 똑같이 일할 수 있는 가능성을 열어준다면 그 뒤를 이어서 다른 기업들이 올지도 모르잖아요.

그런 오오미나미의 바람은 이후에 그대로 실현되어간다.

산산의 위성사무실 가미야마 랩. 오른쪽 건물은 외양간, 안쪽의 건물은 안채를 보수한 것이다.

좀 더 창조적이고 생산적인 일

2010년 10월 산산은 그린밸리가 소개한 70년 된 옛집에 위성사무실 '가미야마 랩(Kamiyama Lab)'을 열었다.[●] 집에는 안채와 외양간, 밭도 딸려 있었다. 처음에는 집중하고 싶은 일을 가지고 도쿄 본사에서 직원이 내려와서 일시적으로 체류하기도 하고 팀 합숙을 하는 방문 체류형 사무실이었다. 그런데 2013년부터는 상주형 사무실로 이용하게 되었다. 그 계기가 된 것은 지금도 상주하고 있는 사원, 단 요이치(團 洋一) 때문이었다.

가미야마에 이주하기 전까지 단 요이치는 도쿄 산산 본사의

● 산산의 가미야마 사무실에 대한 안내는 https://www.sansan.com/sg/news/kamiyama-and-the-quest-for-a-new-work-style 참조.

도쿄에서 가미야마로 이주한 산산 직원 단 요이치.

시스템 엔지니어였다. 그러나 도쿠시마현 출신으로 산산에 취직하기 전까지 지방 도시에서 자란 그에게 도쿄의 만원 지하철은 고통스러운 일상일 뿐이었다. 스트레스로 몸이 상해서 데라다 대표에게 그만두고 싶다고 말했다. 그때의 일을 데라다 대표는 잘 기억하고 있다.

이유를 물어보니 "시골에서 살고 싶어요. 도쿄는 질렸어요."라고 하더군요. 단은 유능한 엔지니어였기에 일단은 잡아두고 싶어서 "그럼, 가미야마로 이사해서 그곳에서 일하면 좋지 않겠어?"라고 말했지요. "그게 가능해요?"라고 물어서 "그럼, 가능해."라고 답했습니다.

결국 그는 이직을 단념하고 2013년 11월에 아내와 가미야마로 이사해서 가미야마 랩의 상주 사원이 되었다.

여기에 와서 아이도 생겼습니다. 매일 아침 근처를 산책하는 것이 일과지요. 출근은 자전거로 합니다. 그렇게 불편했던 몸도 나았고 심했던 어깨 결림도 없어졌습니다. 아내도 옆집 사람에게 배워 텃밭에 채소를 기르고, 여기에서의 생활을 즐거워하고 있습니다.

도쿠시마에서 채용한 엔지니어 다쓰하마 겐이치(辰濱 健一)와 함께 가미야마 랩의 상주 사원은 두 명이 되었다. 이른 봄날에 나는 다쓰하마로부터 가미야마 랩의 안내를 받았다.

본사와 온라인으로 연결하여 영상을 실시간으로 모니터로 볼 수 있기 때문에 업무 진행에는 아무런 지장이 없습니다.

사무실의 액정 화면에는 시부야 본사 사무실 모습이 보이고 원격 근무 환경이 정비되어 있었다. 잠깐 발길을 멈추자 원래 외양간이었던 건물에 해먹이 걸려 있었다.

따뜻해지면 여기에 누워 키보드를 치는 사원도 있습니다.

꾀꼬리 소리가 들려왔다. 눈앞에 마주한 것은 푸르른 산. 그런 가미야마 랩에는 재충전하고 일에 집중하고 싶다며 본사에서 일하러 오는 사원이 이어지고 있다. 그날도 이와시타 히로노리(岩下 弘法)가 한 달 반 예정으로 체류하고 있었다. 그는 시스템 개발 리더로 네 명의 부하직원이 있지만 1년에 2~3회 총 4개월 가깝게 본사와 떨어져서 가미야마에서 일한다.

> 머리를 쓰는 일을 주로 하기 때문에 얼마나 집중할 수 있는지가 중요합니다. 여기에서는 피곤하면 산책을 해요. 전원 풍경이 마음을 씻어줍니다. 그럴 때 좋은 프로그램이 떠오르지요.

십 수 년 전에 데라다 대표는 실리콘밸리에서 쾌적한 자연환경에서 스트레스 받지 않고 창조적인 일을 하는 직원들을 보고 '언젠가 일본에도……' 하고 바랐다. 그 새로운 바람이 눈앞에 펼쳐지고 있었다.

우연을 끌어당긴 힘

IT 기업의 위성사무실 진출로 주목받게 된 가미야마였지만 그 계기는 우연한 것이었다. 오오미나미는 위성사무실이라는 말을 아예 몰랐고 IT 벤처 기업이 이런 시골에 들어오리라고는 상상도 못했다. 그는 언제나 "산산이 와준 것이 계기였습니다. 고마운 일이지요."라고 말한다.

그렇지만 데라다 대표는 겸연쩍어한다.

오오미나미 씨가 그렇게 말해주면 기쁘지요. 하지만 아티스트
인 레지던스 활동을 통해 가미야마에는 이미 외지인이 들어오기
쉬운 환경이 조성되어 있었습니다. 무엇보다 그린밸리가 지역과
중개 역할을 해줍니다. 가미야마에 이미 가능성이 있었습니다.
우리가 오지 않았더라도 결국에는 어느 회사가 진출했을 겁니다.
그러니까 우연처럼 보이지만 지금의 가미야마가 있는 것은
필연입니다.

우연으로 보이는 필연. 그것은 우연을 끌어들이는 힘이 이 지
역에 있었다는 말일 것이다. 데라다 대표는 "오오미나미 씨 일행
과 이야기하다 보면 이런 생각이 들어요. '이 사람들, 20년 이상
이런 일을 해오다니. 대단하다.' 그들이 활동해왔기 때문에 지금
이 있다. 10년, 20년 해나간다면 지역은 변하게 되어 있다는 것.
그것은 희망이겠지요."라고 말한다.

마을 만들기 현장에서는 '지역을 일구다'라는 말을 자주 쓴다.
그린밸리가 사반세기에 걸쳐 일구어놓은 토양에 IT 벤처 기업이
라는 씨앗이 뿌리를 내리고 위성사무실이라는 꽃이 핀 것이다.

IT 기업이 지방에 진출하는 이유

산산이 가미야마 랩을 열고 5개월 뒤인 2011년 3월 11일, 동일본 대지진이 발생했다. 미증유의 대지진과 그 후의 원전 사고로 유사시에 대비할 수 있는 거점을 지방에 마련해야 할 필요성이 커졌고 이로 인해 기업의 지방 진출이 가속화되었다. 그래서 가미야마도 위성사무실을 열려는 새로운 기업들을 만나게 되었다.

2012년 3월 가미야마에 위성사무실을 개설한 IT 기업 단쿠소후토(본사는 도쿄)도 그런 기업 중의 하나다. 위성사무실 입지를 찾고 있던 호시노 고이치로(星野晃一郎) 대표는 광통신망이 정비된 도쿠시마현 이야기를 듣고 현지 조사를 거듭한 끝에 가미야마에 진출했다.

그렇지만 단쿠소후토가 위성사무실을 연 이유는 대지진 때문만은 아니었다. 일과 삶의 균형을 맞출 수 있는 업무방식을 사원들에게 선택하게 하자, 지방의 우수한 인재를 채용하자고 생각했기 때문이었다. 단쿠소후토는 가미야마 외에도 홋카이도 베쓰카이정, 우쓰노미야시, 도쿠시마시, 고치시에도 위성사무실을 개설하여 재택근무를 적극적으로 장려하고 있다.

호시노 대표는 이렇게 말한다.

IT 기업이 북적거리는 도쿄에서는 우수한 엔지니어가 부족해 뽑기가 어렵습니다. 우리 같은 규모의 회사가 우수한 인재를 채용하는 것은 정말로 힘듭니다.

일과 삶의 균형을 지향하는 호시노 고이치로 단쿠소후토 대표.

어째서 IT 기업은 지방으로 향하는 걸까. 호시노 대표와 데라다 대표의 이야기를 듣고 그 이유를 조금은 알 것 같았다. 원래 네트워크 업계에서는 장소를 가리지 않는 업무방식이 가능하다. 쾌적한 자연환경을 갖춘 시골에서 창조적이고 생산적인 일자리 환경 만들기를 지향하는 호시노 대표 같은 경영자도 있다. 그것은 사원을 위한 것만이 아니라 기업에도 우수한 인재를 채용할 수 있는 이점이 된 것이다.

그러나 네트워크화가 가속화되어 굳이 도시의 사무실에서 일할 필요가 없어지는 환경은 IT 업계에 한정되지 않는다. 인재 부족도 IT 기업만의 이야기가 아니다. 따라서 앞으로 위성사무실이라는 업무방식이 더욱더 확대될 것은 틀림없다.

아쿠이강에 발을 담그고 컴퓨터를 하는 단쿠소후토 사원.

가미야마를 전국에 알린 '기적의 장면'

산산에 이어서 단쿠소후토 위성사무실이 가미야마에 오픈했다. 그러나 시코쿠의 과소화 마을에 일어난 '이변'을 아는 사람은 아직 많지 않았다. 가미야마의 이름을 단번에 전국에 알린 것은 TV 뉴스였다.

2011년 12월 8일 NHK「뉴스워치 9」의 8분짜리 특집 'IT 기업이 과소화 지역으로 향하는 이유는'에서 서두에 나간 영상은 가미야마에 진출한 IT 기업 경영자와 이주자로부터 "기적의 장면"이라고 불린다.

한여름에 흐르는 시냇물에 발을 담근 단쿠소후토의 젊은 사원이 무릎에 올려놓은 노트북으로 멀리 떨어진 도쿄에 있는 동료와 화상 회의를 하고 있다. 정말 시원하고 즐거워 보인다. 뒤편에는 푸르른 산이 있다.

영상은 'IT 기업'과 '과소화 지역'이라는 의외의 조합, 게다가 원격 근무라는 새로운 업무방식을 멋지게 연출했다. 그 무대가 가미야마였다. 사실 내가 가미야마의 존재를 알게 된 것도 이 뉴스 때문이었다. 시냇가에서 컴퓨터를 사용하는 '기적의 장면'이 뇌리에 남았던 것이다.

방송 후 뉴스에 소개된 그린밸리에는 문의가 쇄도했다. 그 가운데에는 가미야마에 새로운 가능성을 연 키맨의 한 사람 스미타 데쓰(隅田 徹) 회장도 있었다.

자유롭고 따뜻한 분위기에 반하다

당시 방송 프로그램 정보의 편집·배급 회사 푸랏토이즈(plat-ease, 본사는 도쿄)의 스미타 회장은 천재지변 등 유사시에 대비해 본사 기능을 분산하는 사무실 입지를 찾고 있었다. 전국 20개 지역을 돌아다녔지만 알맞은 장소를 찾지 못했다. 그러다 한동안 연락이 뜸했던 옛 상사가 "IT 기업이 잇달아 진출하는 지방 마을을 뉴스에서 봤다. 가보면 어떨까."라고 연락을 해왔다. 그곳이 가미야마였다.

방송이 나가고 4개월 뒤 2012년 4월 가미야마를 찾은 스미타 회장은 깜짝 놀랐다. NPO인 그린밸리가 기업 유치를 담당하고 있었기 때문이다.

도쿄에서 가미야마로 이주한 푸랏토이즈의 스미타 회장.

민간이 주도해서 움직이는 것이 인상적이었지요. 그린밸리를
응원하는 응원단의 하나가 마을이라는 관계성도 좋았고요.
위성사무실의 입지를 찾아서 전국의 지방자치단체를
다녀봤지만 그런 마을은 없었기 때문에 깜짝 놀랐습니다.

스미타 회장은 오오미나미의 안내로 이미 가미야마에 진출한
IT 기업의 위성사무실과 이주자를 돌아보았다.

만나는 사람마다 개성이 넘쳤고, 마을은 어설픈 도쿄보다
자극을 주어 이런 시골이 있다는 사실에 깜짝 놀랐습니다.

이렇게 말했지만 사실 가미야마로 결정한 가장 큰 이유는 '따
뜻함'이었다고 말한다.

'우리 마을로 와주세요'라고 말하지 않는 것도 신선했습니다. 다른 곳에는 이주 희망자에 대해 '정착하실 거죠?'라는 무언의 압력이 있잖아요. 그러나 가미야마는 출입이 자유로운 분위기였고 그런 압력도 없었어요. 자신의 생각을 강요하지도 않고 사람과 거리감도 없고 그 따뜻한 배려가 느껴져서 최고라고 생각했습니다.

'정착하실 거죠?'라는 무언의 압력을 느껴 이주를 망설인다는 말을 자주 듣는다. 그러나 가미야마는 다르다고 스미타 회장은 말한다. 그 '따뜻함'은 어디에서 오는 걸까.

그린밸리의 면면을 보고 알게 된 것은 이 사람들은 즐거우니까 하고 있다는 것입니다. 일이 아니니까 강제성도 없고 자신이 무리하지 않는 범위에서 활동합니다. 좋은 의미로 배려인 거죠. 마음이 따뜻해졌습니다.

가미야마에 반한 스미타 회장은 아예 도쿄의 집을 처분하고 이주해버린다. 스미타 회장이 개설한 위성사무실은 이제까지와는 전혀 다른 것이었다.

위성사무실과 지사(支社)는 어떻게 다른가. 엄밀한 정의는 없지만 위성사무실은 본사에서 떨어진 지역에서 원격 근무가 가능한, 통신 설비가 있는 소규모 사무실이라는 의미로 사용된다.

2010년 10월 산산 이후, 위성사무실이 가미야마의 옛집에 연이어 개설되었다. 그러나 고토 마사카즈 가미야마 면장은 "처음에 우리는 솔직히 말해 매력을 느끼지 못했습니다."라고 말한다. 본사가 아니어서 법인주민세가 면에 수익으로 들어오는 것도 아니고, 상주하는 사원도 한두 명뿐이고, 대부분 지역 고용도 하지 않았기 때문이다. 세수도 없고 지역 고용도 없으니 마을에 이익이 되지 않는다고 생각한 것이다.

그런데 2013년 7월 푸랏토이즈의 스미타 회장이 개설한 위성사무실로 인해 그런 생각이 바뀌었다. 90년 된 기와집을 보수한 푸랏토이즈 사무실은 모던함과 옛집의 세련된 조합을 자랑하는 독특한 공간이다. 외관은 검은색으로 통일하고 1층은 전면 유리창이고, 사방에는 폭이 넓은 툇마루가 깔려 있다. 그래서 이름이 '엔가와● 사무실'이다. 사무실 안으로 들어서면 컴퓨터와 모니터 등 최신 장비가 빽빽하게 늘어서 있다.

스미타 회장은 엔가와 사무실을 개설하기 한 달 전에 하이비전(Hi-Vision)보다 해상도가 더 높은 4K, 8K 영상 제작과 기록을

● 일본어로 '엔가와'는 '툇마루'를 의미한다.

90년 된 옛집을
보수한 엔가와 사무실.
푸랏토이즈와 엔가와
직원이 근무하는 곳이다.
1층은 전면 유리창이고
넓은 툇마루가 인상적이다.

보존하는 새로운 회사 '엔가와'를 설립했다. 본사는 가미야마 엔가와 사무실에 두었다. 그리고 푸랏토이즈와 엔가와가 함께 지역 고용을 시작했다. 현재 푸랏토이즈 11명과 엔가와 12명까지 합쳐 모두 23명이 일하고 있다. 그중에 마을에 사는 사람이 13명, 그 가운데 5명이 마을 출신이다. 이주뿐만 아니라 지역 고용에도 바탕을 두었다.

푸랏토이즈의 오오시타 리에(大下 理惠)도 지역에서 채용된 사람이다. 미국에서 대학을 졸업하고 가미야마에 귀향하여 아르

바이트를 하던 2013년, 면사무소에서 근무하고 있던 친구로부터 엔가와 사무실이 생긴다고 듣고 처음으로 마을에 많은 IT 기업이 진출해 있음을 알게 되었다. 마을에서 일하려고 구직활동을 해서 성공한 오오시타지만 채용이 결정되었는데도 '어째서 IT 기업이 일부러 가미야마에 온 걸까?'라는 의문은 풀리지 않았다.

그러나 일을 시작하자 스미타 회장과 이주한 직원들이 적극적으로 주민과 교류하고 자신보다 가미야마를 더 잘 알고 있는 것에 놀랐다. 푸랏토이즈와 엔가와 직원들은 매해 회사가 빌린 논에서 주변 농가의 도움을 받아 벼농사를 짓는다. 시골 생활을 즐기며 여유롭게 일하는 동료들을 만나는 가운데 오오시타도 가미야마 생활에 매력을 느끼게 되었다.

살면서 느낀 지역의 매력을 외지인에게 가르쳐주고, 주민들도 당연한 것이라고 생각하던 일의 가치를 새삼 깨닫게 된다. 엔가와 사무실이 만들어낸 것은 고용뿐만이 아닌 것이다.

새로운 업무방식을 체험하는 숙소

엔가와 사무실을 연 스미타 회장이 그다음에 만들기 시작한 것은 숙소였다. 평범한 숙소가 아니라 위성사무실에 흥미를 가진 직장인들이 시골에서 원격 근무와 삶을 실제로 체험해보는 숙소다. 말하자면 '새로운 업무방식'을 세상에 알리기 위한 숙소다.

위성사무실을 개설한 스미타 회장은 도쿄 푸랏토이즈 본사와 가미야마에서 일하는 사원의 생산성 차이를 객관적으로 비교해보았다. 그러자 기획 분야에서 작은 차이였지만 가미야마 쪽이 높은 결과가 나왔다.

> 여유가 있고 집중할 수 있는 시골이 부가가치가 더 높은 일을 하는 것으로 나타났습니다. 이거면 '새로운 업무방식을 확대할 가치가 있다. 마을에 체류하며 업무방식을 체험하는 거점 숙소를 만들자'는 계획을 세웠습니다.

가치는 이미 증명되었다. 그다음은 수요다. IT 기업이 잇달아 진출하는 가미야마에는 최근 3년간 약 1000개 단체, 약 6500명이 시찰을 했다. 위성사무실에 흥미가 있는 기업도 많다. 그래서 숙소는 성공할 것이라고 스미타 회장은 가늠했다.

숙소는 위크 가미야마(Week Kamiyama)°라고 부르기로 했다. 새로운 업무방식을 체험해보기 위해 일주일가량은 머물게 하고 싶었기 때문이다. 또 하나, 스미타 회장은 위크 가미야마에서 해보고 싶은 일이 있었다. 공용 공간을 이용하여 자신과 같은 이주자와 주민이 모임을 갖고, 외지에서 시찰하러 온 사람과 주민이 교류할 수 있는 '장소'를 만들고 싶었다.

● https://www.week-kamiyama.jp

위크 가미야마를 건설·운용하는 새로운 회사 '가미야마 진료' 설립에 분주했던 스미타 회장은 재미있는 일을 시작했다. 주민에게 한 주(株)에 5만 엔의 출자를 모집한 것이다.

위크 가미야마는 마을의 미래를 만드는 시험대다. 자신과 같은 외지인뿐만 아니라 주민도 함께하는 것이 좋다고 결정했다. 마을의 미래에 어떤 형식으로든 참여하고 싶은 주민도 많지 않을까. 뜻을 가진 사람들에게 출자를 권하면 어떨까 생각했기 때문이었다.

2014년 봄 주민 설명회에서 스미타 회장은 약 1000명의 주민 앞에서 제안했다.

마을의 미래를 함께 만들지 않겠습니까. 자금의
지산지소(地産地消)를 이룹시다.

그 결과 6월 회사 설립까지 51개 단체와 개인으로부터 모두 2320만 엔의 출자가 이루어졌다. 100만 엔을 출자한 사람도 있다. 면에서도 300만 엔을 출자했다. 제재업을 운영하는 미쓰지 히로요시(三辻 博良)도 출자한 사람 중 하나인데 그는 이렇게 말했다.

위성사무실이나 이주자라는 말은 나와 관련 없다고
생각했습니다.

위크 가미야마.
위 | 오른쪽 옛집이 프론트,
왼쪽은 숙박동.
아래 | 이주자와 주민,
시찰자가 모인 만찬.

그러나 상공회에서 스미타 회장과 알게 되고 위크 가미야마
계획을 듣고서 생각이 바뀌었다.

외지에서 온 사람이 가미야마의 미래를 이렇게 신중하게
생각하다니, 그것이 기뻐서 출자했습니다.

2015년 7월 가미야마를 흐르는 아쿠이강이 눈앞에 펼쳐지는
위치에 위크 가미야마를 열었다. 마을에서 자란 나무를 충분히

2장 IT 기업이 실험하는 창조적 업무방식

사용하여 만든 2층 건물인 숙박동과 60년 된 옛집(고민가)을 보수한 식당동이 있으며, 8개 객실에 최대 24명을 수용할 수 있다. 스미타 회장의 바람대로 워크 가미야마에서는 숙박자와 이주자, 주민이 어울린다. 저녁 식사는 스미타 회장과 숙소 관리인 도이즈미 사토코(樋泉 聡子), 요리사가 숙박하는 사람들과 함께 식탁에 둘러앉아 먹는다. 주민도 식비를 내면 참가할 수 있다. 워크숍과 학습회 등의 이벤트도 밤마다 열리며 출자한 미쓰지도 가끔씩 참가한다.

술 한잔하며 터놓고 이야기할 수 있어서 좋습니다. 이런 장소가 생겨서 기뻐요. 밤에 아쿠이강 건너의 워크 가미야마 불빛을 보며 '나도 분발해야지'라고 생각합니다.

스타트업의 인큐베이터

산산, 단쿠소후토, 푸랏토이즈……. 가미야마에 IT 기업의 진출이 이어지고 위성사무실이라는 새로운 수요가 존재하는 것을 알게 된 오오미나미는 그 흐름을 더욱 가속시키고 싶다고 생각했다. 위성사무실을 개설해달라고 갑자기 기업에 요청하기에는 문턱이 높다. 그렇다면 원격 근무에 관심이 있는 기업이 쉽게 '시험'해볼 수 있는 장소를 만들면 어떨까 생각했다.

면사무소에 이런 아이디어에 대해 상담을 시작하자 박자가

옛 봉제 공장을 개조한
가미야마 밸리 위성사무실
콤플렉스.

맞듯이 착착 진행되었다. 면이 소유하고 있는 옛 봉제 공장 건물을 보수해서 사용하기로 했다. 그곳은 면에서 고용을 기대하며 봉제 회사를 유치했던 건물이었지만 인건비가 싼 동남아시아로 그 회사가 이전하면서 폐쇄된 상태로 남아 있었다. 총면적 600제 곱미터로 충분한 넓이였다. 보수를 위해 가미야마 면사무소, 도쿠시마현, 그린밸리가 모두 810만 엔을 출자했다.

2013년 1월에 오픈한 이 시설을 '가미야마 밸리 위성사무실

2장 IT 기업이 실험하는 창조적 업무방식

콤플렉스'●라고 이름 지었다. 콤플렉스 운영은 그린밸리가 담당했다. 화상 회의를 할 수 있는 회의실, 상담실, 여러 기업이 입주할 수 있는 작업 공간이 있고 공동 취사장과 샤워실, 고속 무선랜도 완비되어 있다. 월 임대료는 자유석 7500엔, 고정석 1만 5000엔, 2평 정도의 공간도 3만 엔이면 쓸 수 있다. 시험 삼아 이용하는 것만이 아니라 상시적으로 위성사무실을 운영하는 것도 가능하다.

현재는 단쿠소후토, 도쿠시마현 웹 어플 제작 회사, 도시락 배달 회사 등 15개 회사가 사무실을 두고 있다. 이곳을 거쳐 지역 내에 사무실을 만드는 기업도 있어서 콤플렉스 자체가 가미야마에 기업을 불러들이고 키우는 인큐베이터 같은 존재가 되었다.

다양한 전문가들이 모이는 마을

2015년 2월에 이주하여 1년 반 동안 이 콤플렉스에서 근무한 데라다 다카시(寺田 天志). 자동차 모델링 업계에서는 일본 굴지의 전문가다. 유명한 자동차 회사와 계약하여 컴퓨터 그래픽으로 자동차 모델을 제작한다. 들어보면 누구라도 알 수 있는 고급차의 모델링도 수주했다.

도쿄에서 나고 자란 데라다가 시골에서 살고 싶다고 가미야

● https://www.in-kamiyama.jp/kvsoc/index.html

마를 찾아온 것은 2013년 여름이었다. IT 기업이 진출하여 화제가 된 마을이란 점밖에 아는 것이 없었지만 가미야마에 일주일 동안 체류하고 나서 이주를 결심했다.

> 마을 전체가 하숙집 같아요. 가끔씩 참가했던 술자리에서 IT
> 업계를 시작으로 다양한 전문가들이 모여들었어요. 도쿄와
> 다르게 좁은 마을이어서 바로 친해지기도 하고요. 이러면
> 도쿄에서 사는 것보다 재미있겠다 싶어서 이주를 결심했습니다.

그러나 좀처럼 빈집이 나타나지 않아서 실제로 이주한 것은 1년 반 뒤. 그린밸리가 소개한 장소는 산 위에 있는 120년 된 옛집이었다. 살면서 집을 고치려고 DIY로 시작했지만 지금도 완성되지 않았다. 데라다는 '가미야마의 사그라다 파밀리아(Sagrada Família)●' 같은 장소라며 웃는다.

제작의 즐거움을 체험하는 메이커 스페이스

콤플렉스에 인재가 모여들면서 새로운 업무도 생겨났다. 자동차 디자이너 데라다, 스마트폰 앱 개발과 드론을 연구하는 단쿠소

● 스페인 바르셀로나에 있는 성당으로 건축가 가우디가 설계했다. 1883년부터 가우디가 사망한 1926년까지 공사를 계속했으며 최근에 다시 중단된 공사를 재개하여 가우디 사망 100주년인 2026년에 완공 예정이다.

가미야마 메이커 스페이스의 중심 멤버. 자동차 디자이너 데라다(왼쪽 끝), 예술가 아베 사야카(왼쪽에서 4번째), 단쿠소후토 모토하시 다이스케(오른쪽에서 세 번째).

후토의 모토하시 다이스케(本橋 大輔), 네덜란드에서 이주한 예술가 아베 사야카 등 세 명은 콤플렉스에 팹랩(Fablab)을 만들었다. 팹랩은 최신 기기를 사용해 자유롭게 제작할 수 있는 장소를 의미한다. 팹은 제작을 의미하는 'fabrication', 랩은 연구실을 의미하는 'laboratory'의 약자다. 10여 년 전 미국 MIT에서 생긴 팹랩은 일본에서도 가마쿠라(鎌倉)를 시작으로 열 곳 이상 퍼져 있다.

세 명이 제안한 팹랩에 가미야마도 지원했다. 정부 보조금을 활용하여 3D 프린터와 정교한 절단과 조각이 가능한 레이저 커터 등 최신 공작 기기를 배치했다. 모노즈쿠리(ものづくり)*와 연

● 단어를 의미대로 옮기면 '물건 만들기'라는 뜻이다. 장인 정신을 바탕으로 한 일본의 독특한 제조 문화를 일컫는 대명사로, 일본 제조업의 혼(魂)이자 일본의 자존심을 상징하기도 한다. 일본 기업의 경쟁력 요인을 설명할 때 자주 인용되는 말로서, 1990년대 후반부터 활발히 쓰이고 있다.

가미야마 메이커
스페이스의 워크숍.
위 | 팹랩 센다이 플랫
(SENDAI-FLAT)의
오오아미 다쿠마(大網
拓真)와 팹랩 암스테르담의
전 매니저 알렉스 스하우프
(Alex Schaub)를 초대하여
중심 멤버를 육성하는
마스터 클래스의 모습.
아래 | 지역 초등학교에서
실시하고 있는 모노즈쿠리
출장 강좌.

구 개발에 힘을 쏟는 디지털 공작공방 '가미야마 메이커 스페이스'는 2016년 봄에 시작되었다. 현재는 세 명을 중심으로 IT 기술자와 예술가들이 목공, 프로그래밍 등의 활동을 함께하고 있다.

워크숍과 출장 강좌에서도 적극적으로 제작의 즐거움을 전하는 활동을 하고 있다. 초등학교 수업에서 컴퓨터 프로그래밍과 3D 프린터를 이용한 원반(frisbee) 제작을 가르치기도 하고 드론의 원리와 조종 방법을 가르치는 체험 교실을 열기도 하며 조

2장 IT 기업이 실험하는 창조적 업무방식

세이고등학교 가미야마 분교 학생들에게 레이저 커터로 삼나무를 가공하는 상품 개발을 지도하고 있다.

아이들은 눈을 똥그랗게 뜨고 수업에 빠져든다. 와타나베 도시카즈(渡辺 寿万) 진료초등학교 교장은 말한다.

이런 시골에서 도시에서도 할 수 없는 수업을 첨단 기술자가 해줍니다. 아이들에게 미래의 가능성을 펼쳐주고 있습니다. 가미야마의 어린이들은 정말로 복 받은 겁니다.

현재 가미야마에서 메이커 스페이스는 지역의 제작 거점, 인재 육성의 장소가 되었다.

산과 강을 지키는 수제 그릇

가미야마의 외지인들은 마을의 사정을 생각하며 움직인다. 가미야마의 삼나무를 사용한 그릇 만들기를 처음 시작한 히로세 기요하루(廣瀬 圭治) 사장도 그런 사람 중 하나다.

가미야마를 발원지로 하는 아쿠이강은 요시노강 수계의 일급 하천이다. 천연 은어가 잡혀서 그렇게 부른다. 상류의 물은 그냥 마셔도 될 만큼 깨끗하다. 굽이굽이 흐르는 지류에는 일본 폭포 100경 가운데 하나인 아마고이(雨乞) 폭포가 있고 여름에 가미야마 사람들은 이곳에서 물놀이를 한다. 이런 아쿠이강은 가

오사카에서 가미야마로 이주한 히로세 기요하루 키네토스코푸 사장.

미야마의 자랑 중 하나다.

웹 제작 회사 '키네토스코푸(キネトスコープ)' 위성사무실을 만들어 2012년 10월에 오사카에서 가족을 데리고 가미야마에 이주한 히로세 사장은 생각지도 못한 이야기를 들었다. 강의 수량이 30년 전에 비해 3분의 1로 줄었다는 것이다. 울창하게 보이는 산은 대부분 전후에 삼나무를 심은 인공림이었다. 목재 가격이 하락하여 벌목을 하지 않으니 빛이 땅까지 닿지 않아 풀도 자라지 못했다. 그렇게 되면 토양이 단단해져 복원력이 약해지고 그 결과 강의 수량이 줄어든다는 것이다.

당시 히로세 사장에게는 초등학생 아이 두 명이 있었다.

이대로 가면 아이들이 자랐을 때 가미야마의 강과 산은

2장 IT 기업이 실험하는 창조적 업무방식

어떻게 될까 걱정했습니다. 무언가 할 수 없을까 생각한 것이
시작이었습니다.

산이 보수력을 회복하기 위해서는 산을 적당히 벌목하는 수
밖에 없다. 그러나 삼나무는 외장재로는 쓰기 어렵다. 그렇다면
삼나무를 가공하여 부가가치 상품을 만들어볼까 생각한 히로세
사장은 여름에 자란 부분은 희고 겨울에 자란 부분은 붉은, 투
톤 컬러가 되는 삼나무의 나이테에 착안해 나이테가 가로로 보
이는 그릇을 생각해냈다.

디자인에 손을 댔던 사람의 발상이었으나 투톤의 나이테를
가공하는 것은 시간도 걸리고 숙련 기술자가 필요하다는 것을
알게 되었다. 그는 도쿠시마 시내에서 장인을 찾아내 2014년 7월
에 1년 동안 개발한 상품을 내놓았다.

히로세 사장은 벌목 목재를 이용한 수익을 산을 보전하는 데
쓰도록 '가미야마 물방울 프로젝트'라는 이름을 붙였다. 물 한 방
울이 흘러 산을 재생하고 수원을 지킨다. 작은 일일지도 모르지
만 산과 강을 지키는 물 한 방울이 되고 싶다는 기원을 담았다.

전부 수작업인데다 시간이 많이 걸리기 때문에 텀블러의 경
우 1만 엔이 넘는 고가지만, 2015년 이탈리아 밀라노 국제박람회
에도 출품했고 삼나무 나이테의 아름다움이 주목받았다. 증정
용 수요도 많아서 도쿄 시부야 히카리에, 오사카 한큐백화점 외
에 인터넷에서도 판매하고 있다. 2017년 이 가미야마 물방울 프

위 | 가미야마를 가로지르는 아쿠이강. 수량이 30년 전에 비해 3분의 1로 줄어들었다.
아래 | 투톤의 삼나무 나이테가 산뜻한 SHIZQ '학' 그릇 시리즈.

로젝트의 그릇은 굿디자인 상을 수상했다.

키네토스코푸 본사까지 가미야마에 이주시킨 히로세 사장에게는 꿈이 있다.

물방울 그릇이 산과 강을 생각하는 계기가 된다면 기쁘겠습니다.
마을에서 장인을 육성해 가미야마 지역 산업을 키워보고 싶다고
생각하고 있습니다.

가미야마가 키운 건축가들

지금까지 소개한 산산의 가미야마 랩, 엔가와 사무실, 워크 가미야마, 가미야마 밸리 위성사무실 콤플렉스 건물을 설계한, '버스 아키텍처(현재는 BUS)'라는 세 명으로 이루어진 건축가 그룹을 소개하고 싶다. 이 세 명은 가미야마에 살고 있는 것은 아니지만 "우리는 가미야마가 키워준 건축가입니다."라고 입을 모은다.

가미야마와 인연을 처음 맺은 이는 반도 고스케(坂東 幸輔)다. 도쿠시마시 출신의 반도는 도쿄예술대학에서 건축을 배우고 미국으로 건너갔다. 하버드대학 대학원 디자인스쿨 건축과에 진학 후 2008년에 취업활동을 위해 용감하게 뉴욕으로 건너갔지만 그다음 주에 리먼 쇼크가 덮쳤다. 설계직으로 여러 곳을 지원했지만 채용되지 못했다. 그는 뉴욕에서 비정규직 생활을 시작했다.

취직이 결정되지 않은 채 2008년 10월에 결혼식을 올리기 위

해 일시 귀국하여 도쿠시마시의 본가에 돌아왔다. 그때 눈에 띈 것이 그린밸리 홈페이지 'in 가미야마'였다.

> 홈페이지에는 비어 있는 옛집 정보도 올라와 있고 임대료 1만 엔이라고 쓰여 있었습니다. 그렇게 싸다면 가미야마에 이주하여 아르바이트를 하면서 건축 공모전에 응모해 건축가로 데뷔하는 길도 있다고 생각했습니다.

결혼식이 끝난 11월 가미야마 그린밸리를 찾은 반도는 오오미나미에게 호소했다.

> 미국에서 건축을 배웠지만 취직할 곳이 없어 고민하고 있습니다. 가미야마의 옛집에 살 수 있을까요.

오오미나미는 소개할 빈집이 없다고 대답했다. "당신 같은 건축가에게 활약을 부탁할 만한 일이 지금 가미야마에는 없다."는 이유였다. 그래서 반도는 가미야마와는 인연이 없다고 생각하게 되었다.

그러나 1년 반 후인 2010년 4월 간신히 모교 도쿄예술대학의 조교직을 얻어 귀국한 반도에게 오오미나미가 도움을 청하며 연락했다. 당시 그린밸리는 상점가 모퉁이에 있는 일자형의 집을 보수해 사무실로 활용하는 오피스 인 가미야마 프로젝트를 계획하고 있었다. 그 일자형 집의 보수 설계를 반도에게 의뢰한 것이다.

설계비는 줄 수 없지만 젊은 손으로 자유롭게 만들어달라

자유롭게 좋을 대로 설계해주면 좋겠다. 그렇지만 설계비는 줄
수 없다. 도쿄에서 왔다갔다 하는 교통비는 내주겠다. 그것이
오오미나미의 조건이었다. 그럼에도 반도는 이 조건을 받아들
였다.

> 젊은 건축가에게 자유롭게 설계를 맡기는 건축주는 많지
> 않습니다. 그렇지만 오오미나미 씨는 마음대로 해도 좋다고
> 말했습니다. 과장해서 말하면 청년의 자기실현을 응원하는구나
> 하는 기분을 느꼈습니다.

반도는 바로 뉴욕에서 알게 된 건축가 친구 스마 잇세이를 꾀
어 둘이서 가미야마를 오가기 시작했다. 스마는 뉴욕 콜롬비아
대 대학원에서 건축을 배우고 뉴욕에서 일하다가 마침 귀국한
지 얼마 안 된 때였다.

앞에 언급한 것처럼 스마는 산산의 데라다 대표가 가미야마
에 오게 된 계기를 만든 사람이다. 반도가 스마를 꾀었고, 또 스
마가 데라다를 데리고 왔기 때문에 가미야마에 처음 위성사무실
이 탄생할 수 있었던 것이다.

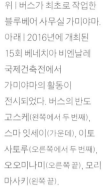

위 | 버스가 최초로 작업한 블루베어 사무실 가미야마. 아래 | 2016년에 개최된 15회 베네치아 비엔날레 국제건축전에서 가미야마의 활동이 전시되었다. 버스의 반도 고스케(왼쪽에서 두 번째), 스마 잇세이(가운데), 이토 사토루(오른쪽에서 두 번째), 오오미나미(오른쪽 끝), 모리 마사키(왼쪽 끝).

둘은 '버스 아키텍처'라는 팀 이름을 지었다. '버스'에는 두 가지의 의미가 있다고 반도가 알려주었다.

반도의 바, 스마의 스를 합친 것이 하나고 또 하나는 버스로 도쿄를 오갔기 때문입니다. 교통비는 그린밸리가 지원했지만 비행기를 탈 만한 액수가 아니었기 때문에 버스를 타고 다녔죠.

그 후 반도가 대학 시절 알고 지내던 이토 사토루(伊藤 曉)도

합류하여 버스 아키텍처 팀은 세 명이 되었다. 2010년 5월부터 일자형의 집 보수에 약 30명의 도쿄예술대학 학생의 도움을 받아 4개월만에 끝낸 후 블루베어 사무실이라는 이름을 붙였다. 보수 후에 블루베어 사무실에는 영상작가가 들어왔지만 지금은 비영리 조직의 후방(back office) 업무를 지원하는 회사 소노리테의 위성사무실로 활용되고 있다.

버스가 손을 댄 세련된 건축물들이 가미야마를 다른 마을과 다른 특별한 존재로 만드는 것은 틀림없다. 엔가와 사무실은 가미야마 마을을 시찰하러 오는 사람들이 반드시 들리는 '마을의 아이콘'처럼 되어 있다.

반도는 말한다.

푸랏토이즈의 콘셉트가 '개방적이고 끊김 없는(open&seamless)'이기 때문에 뭔가 개방적인 느낌이 있어서 주민과 연결될 수 있는 공간을 만들려고 했습니다. 안에서 일을 하고 있는 사람의 모습이 보이도록 외관을 유리창으로 하고 근처의 사람들이 편하게 앉아서 대화할 수 있도록 툇마루를 깔았습니다. 검정색을 기조로 차분하면서 현대적인 취향도 반영했다고 생각합니다.

반도는 지금 일본 각지에서 '빈집 재생 마을 만들기' 일에 관여하고 있다. 스마와 이토도 분야를 넓혀 활약하고 있다.

우리 세 명을 키워준 것은 분명히 가미야마입니다. 우리는 주민은 아니지만 모두 가미야마를 잘 아는 친구라는 마음을 가지고 있습니다.

사람 유치에 새바람을 불어넣는 '휴머노믹스'

가미야마에 들어온 IT 기업, 디자이너, 건축가 들은 가미야마라는 지역에서 무언가 할 일이 있지 않을까 생각하며 움직인다. 왜 그럴까.

위성사무실을 열어 지역 고용을 하고 주민출자회사를 설립하고 시찰자의 숙소를 만든 푸랏토이즈의 스미타는 이렇게 말한다.

도쿄나 오사카 같은 도시에는 사업을 할 만한 장소가 많겠지만 지방에는 많지 않기 때문에 어떻게든 도움을 줄 수 있는 역할을 찾을 수 있습니다. 작은 마을이기 때문에 지역의 문제도 분명하게 보이고, 일을 하고 나면 보람을 느낄 수 있는 확률도 도시보다 높습니다.

지역의 삼나무로 그릇을 만들고, 그 수익으로 황폐해진 산과 강을 재생하는 가미야마 물방울 프로젝트를 만든 히로세는 이렇게 말한다.

　2장 IT 기업이 실험하는 창조적 업무방식

산산 직원이 진행하는 인터넷을 사용한 특별 수업. 진료초등학교에서 무척 인기가 좋다.

동일본대지진 이후 사회를 위해 무엇을 할 수 있을까 생각하게 되었습니다. 그런 생각으로 가미야마에 와보니 강과 산에 과제가 있고 삼나무라는 자원도 있었습니다. 이제까지 해왔던 디자인 노하우를 살려서 과제를 해결하는 데 도전하고 싶다고 생각한 것입니다.

가미야마에 이주해 온 외지인이 주민과 함께 지역 과제의 해결을 목표로 하는 이유 중의 하나는 스미타가 말한 규모의 문제도 있는 것일까. 약 5300명이라는 인구수는 지역 과제가 쉽게 눈에 띄고 자신의 일로 받아들이기 쉬운 규모다. 히로세가 그랬듯이 외지인이었기 때문에 느낄 수 있는 지역 특징도 있는 것일까. 그린밸리의 오오미나미는 이렇게 말한다.

기업 유치가 아니고 사람 유치입니다. 이제까지 없던 새로운
물결이 일어날지도 모르겠군요.

　　다양한 사람이 모이는 것으로 새물결이 일어난다. 그것을 오
오미나미는 '휴머노믹스(humanomics)'라고 부른다.

3장

이주자들은
왜 가미야마를
선택하는가

가미야마가 지방재생의 롤모델로 주목받는 이유는 두 가지다. 하나는 IT 기업의 위성사무실 진출 때문이고 또 하나는 이주자가 많기 때문이다. 가미야마는 2008년부터 8년간 도쿠시마현 외부로부터 161명의 이주자를 받아들였다. 이는 마을 인구의 약 3퍼센트에 해당하는 규모다.

이주자나 I턴과 관련이 없던 가미야마가 바뀌기 시작한 것은 2008년 6월 그린밸리 홈페이지 'in 가미야마'를 공개하면서부터다. 홈페이지에는 "일감을 가진 사람, 청년 이주를 우선한다."는 방침을 명기했다. 마을에는 일이 없으므로 창업이 가능한 사람을 맞이하면 좋겠다는 '역발상'이었지만, 그린밸리 관계자조차도 그런 사람이 정말로 마을에 와줄까 하는 불안감이 있었다. 그러나 불안감은 기우에 불과했다.

면사무소에서 걸어서 5분쯤 가면 오래된 요리이(寄井) 상점가의 모퉁이에 옛집을 보수한 '카페 오니바'● 가 있다. 남프랑스 요리를 먹을 수 있는 비스트로다. 까다로운 격식 없이 갈 수 있는 편안하고 작은 레스토랑인데 주인인 사이토 이쿠코(齊藤 郁子)와 셰프 하세가와 히로요(長谷川 浩代) 두 명이 이상적인 생활을 찾아 이주하여 2013년 12월에 문을 열었다.

가미야마에 오기 전까지 사이토는 도쿄의 애플사에 다니는 활동적인 직장인이었다. 일의 보람도 느끼고 있었다. 그러나 직장은 고층 빌딩 속에 있고 통근길에는 맨땅을 밟아볼 일도 없었다. 자연을 무척이나 좋아하는 사이토는 자신에게 보상이라도 하듯 휴일마다 아웃도어 스포츠와 환경 관련 자원봉사 활동을 위해 전국을 돌아다녔다. 열심히 일하고 잘 노는 것이 이상적인 생활이라고 생각하고 있었지만 심경에 변화가 찾아왔다.

누가 만들었는지도 모르는 것을 먹고 서비스와 물건을 구입하는 것이 아니라 마을 사람의 얼굴을 보면서, 소비만이 아닌 자원을 순환시키는 그런 삶을 만들어볼까 하는 생각이 들었습니다.

그런 생각을 시작한 2003년, 아웃도어 스포츠를 할 때 만난

● http://www.town.kamiyama.lg.jp/enjoy/map/2016/07/cafeonyva.html

카페 오니바 주인 사이토 이쿠코(오른쪽 끝), 셰프 하세가와 히로요(왼쪽에서 두 번째), 매장 스태프 구니모토 료헤이(왼쪽 끝), 요시자와 고스케(오른쪽에서 두 번째).

친구가 이주한 가미야마를 방문했다. 친구가 소개한 마을은 사람들이 개방적이었고 희한하게 여유가 있었다. 그 후에도 일 년에 한 번은 마을에 들르게 되면서 아는 사람이 늘었다. 사이토는 '스승'이라고 부르는 86세 노인에게서 도끼 사용법과 멧돼지 사냥, 해체 방법을 배웠다.

사이토는 이상적 생활을 발견했다는 기분이 들었다. 그것은 삶과 일을 연결하는 생활이었다. '이 마을에서 살고 싶다' 가미야마에 다니기 시작한 지 8년째 그런 생각이 확고해지던 2011년, 사이토는 그린밸리 홈페이지 'in 가미야마'에서 150년이 넘은 양조장 건물이었던 부동산을 발견했다. 상점가와 마주한 큰 옛 건물이었다. 한눈에 마음에 든 사이토는 '사람이 모이는 카페'를 열고 싶다는 기획서를 작성하여 그린밸리에 가지고 갔다. 이듬해에

위 l 150년 된 양조장을 보수한 카페 오니바.
아래 l 유기농 식자재를 사용한 요리와 일하는 법 등 새로운 가치관을 제안한다.

는 그 건물을 구입하고 보수를 시작했다.

당시 사이토는 환경 관련 봉사활동에서 알게 된 친구 하세가와와 미래의 꿈을 이야기해왔다. 도쿄에 본사가 있는 유기농 와인 수입 회사에서 일하는 하세가와 또한 이상적인 삶을 찾고 있었다. 하세가와는 매해 남프랑스 농가를 방문한다. 거기에는 자급자족에 가까운 생활이 있었다. 산양을 키우고 우유로 치즈를 만들고, 먹고 남은 것은 닭과 돼지에게 준다. 그렇게 순환하는 삶을 동경하고 있었다.

하세가와가 만드는 남프랑스 요리의 열광적 팬이었던 사이토는 "함께 해봅시다."라고 권했고 하세가와는 흔쾌히 응했다.

식재료와 손님맞이에 대한 신념

2013년 12월 가미야마에 이주한 사이토와 하세가와가 '카페 오니바'를 열자 이주자뿐만 아니라 주민도 자주 방문했다.

"처음에는 모두가 조금 초조해했지만 그러는 사이에 단골손님이 늘어갔습니다."라고 사이토는 회상한다.

이 작은 마을에서 과연 프랑스 요리점이 잘될까 걱정하던 그린밸리 오오미나미는 자주 얼굴을 내밀었다. 그런데 이듬해 9월 사이토로부터 "가게를 한 달간 문 닫는다."는 말을 듣고 놀랐다.

유럽에 한 달간 휴가 겸 연수를 간다고 해서 깜짝 놀랐습니다.

가을에는 아티스트 인 레지던스도 있고 가미야마에 오는 손님들이 늘어 수입이 생길 때인데 도대체 무슨 생각을 하는 걸까 궁금했습니다.

그러나 사이토는 이렇게 말한다.

휴가와 연수는 가게를 시작하기 전에 둘이서 결정한 일입니다. 연중무휴로 연다면 여기보다 도심지인 도쿠시마시에 2호점을 내볼까 생각하게 되는 것이 보통일지 모르지만 우리는 이익을 많이 내자고는 생각하지 않았습니다. 유럽에서 충분히 쉬고 요리와 와인을 배운 성과를 가게에 가지고 돌아와 맛있는 음식을 먹고 편히 쉴 수 있는 곳으로 만들고 싶었습니다.

이렇게 한 달 이상 가게를 닫고 떠나는 카페 오니바의 연수는 연중행사가 되었다.

두 사람의 신념은 식재료에도 나타난다. 화학비료와 농약을 사용하지 않은 유기농 채소는 두 사람의 속마음을 알아주는 농가에서 직접 구입한다.

"손님과 마주하는 관계를 소중히 하고 싶고, 우리가 먹고 싶은 것을 내놓고 있습니다."라고 셰프 하세가와는 말한다.

'변화'로 볼 수 있는 또 다른 사례로는, 오니바에서 개최하는 월 1회 '다함께 식사'의 날이다. 이때에는 오니바 스태프도 포함해서 손님과 테이블에 둘러앉아 이런저런 이야기를 하며 식사를 한다. 예를 들어 '지금 하는 일을 하지 않았다면 무엇을 하고 싶습니까?' 등 매번 주제를 정하여 모두의 생각을 돌아가면서 이야기한다. 이제는 만남의 날로 완전히 정착하여 이날을 기다려 방문하는 손님도 많다.

'마키화폐(薪通貨, 장작화폐)'에도 두 사람의 생각이 들어 있다. 지속가능한 에너지 만들기를 목표로 하는 오니바의 난방은 장작 보일러로 온수를 순환시키는 방식이다. 손님이 연료가 되는 장작을 한 아름 가지고 오면 커피 한 잔, 작은 트럭 한 대분을 가져오면 저녁 식사를 먹을 수 있다. 그래서 '장작화폐'인 것이다. 이제는 작은 트럭에 장작을 실어서 가져오는 단골도 생겼고 작은 자원 순환이 이루어지게 되었다.

주 3일 휴일, 하고 싶은 일을 추구하는 업무방식

오니바를 꾸려나가는 것은 사이토와 하세가와만이 아니다. 이주자인 구니모토 료헤이(國本 量平)와 요시자와 고스케(吉沢 公輔)도 매장 스태프로 일하고 있다.

구니모토는 살 곳을 찾아서 떠돌아다니다가 가미야마에 정착한 사람이다. 도쿄의 미술대학을 졸업하고 주방기기 회사에서 3년 반 근무한 후 시골로 돌아와 레스토랑에서 일했다. 그 후에 휴가지였던 태국의 리조트에서 만난 태국인 친구가 하는 태국

레스토랑에서 다섯 달 정도 일을 도와주고 있을 때, (이 책의 후반부에 소개할) '가미야마 주쿠(神山塾)' 4기생 모집 공고를 보고 응모하여 2012년 11월에 가미야마에 오게 되었다. 그 후로 오니바가 개점할 때부터 스태프로 일하고 있다.

요시자와도 가미야마 주쿠 4기생이다. 일자리를 정하지 못하고 계측기 회사를 그만둔 후 학생 모집 공고를 보고 응모했다. 직장인 시절에 가미야마에 온 적도 있고 오오미나미의 강연을 듣고 재미있는 마을이라고 생각하고 있었다. 학생으로서 생활한 가미야마에서의 반년은 도쿄에서 나고 자란 요시자와에게는 여러 가지로 신선했다. 이전부터 사이토와 아는 사이로 오니바가 바쁠 때마다 돕다가 2015년 봄부터 정식 스태프가 되었다.

현재 구성원이 네 명까지 늘어난 것을 계기로 오니바는 주식회사로 전환했다. 놀라운 것은 주인 사이토, 셰프 하세가와, 함께 일하는 구니모토, 요시자와를 포함한 네 명이 균등하게 주식의 25퍼센트씩을 가진 동등한 대표가 되었다는 사실이다.

그 이유를 사이토는 이렇게 말한다.

상사도 부하도 없는 수평적인 직장을 만들고 싶었습니다. 방문한 손님으로부터 "좋은 시간이었어요."라는 말을 들을 수 있는 가게를 만들기 위해 네 명이 보람을 가지고 일할 수 있는 직장을 목표로 하자고 생각했습니다.

수평적이고 공정한 관계를 만들자고 말하는 것은 쉽다. 그러나 이렇게까지 철저한 경영자는 정말 없을 것이다. 2016년 5월부터 오니바는 일주일에 쉬는 날을 2일에서 3일로 늘렸다. 거기에도 사이토 팀의 '업무방식'에 대한 신념이 있다.

주 2일 휴일이라고 말하지만 준비 시간이 있기 때문에 실제 쉬는 것은 하루이고 정말로 육체적인 휴식만 할 수 있을 뿐입니다. 그렇지만 우리는 각자 하고 싶은 일이 있습니다. 하세가와 씨는 오니바 이야기를 책으로 쓰고 싶다, 구니모토 씨는 근처의 창고를 영화관으로 만들고 싶다, 요시자와 씨는 벌목공 수행 중입니다. 저도 사우나를 만들기도 하고 말을 타고 산을 넘는 투어를 하고 싶습니다. 각자 몰두하는 시간을 만들자고 네 명이 의논하여 그렇게 결정했습니다.

오오미나미는 말한다.

그들과 얘기하다 보면 힘이 납니다. 초심을 되돌아보게 해준다고 할지. 주민들도 새로운 스타일의 가게라고 말하면서 자극받는다고 생각합니다.

사이토 팀을 취재해보니 "당신들이 중요하게 생각하는 것은 무엇입니까?", "당신에게 있어 일하는 것은 무엇입니까?"라고 내

3장 이주자들은 왜 가미야마를 선택하는가

게 되묻는 것 같은 느낌이 들었다. 나의 가치관이 오히려 흔들리는 것이었다.

오니바는 프랑스어로 '자, 가자!'라는 의미다. 2018년 현재 개점한 지 4년쯤 되었다. 오니바는 이미 가미야마에 빼놓을 수 없는 존재가 되어 있다.

직장인 생활을 내던진 카페 주인

가미야마에 이주하는 이들은 청년만이 아니다. 직장인 생활을 내던지고 46세에 이주한 나카야마 류지(中山 竜二)도 그런 사람이다.

40세가 넘으면 직장인들은 자신의 미래를 대략 가늠할 수 있다. 가미야마에서 지금 '아와(粟, 좁쌀) 카페'라는 이름의 찻집을 운영하는 나카야마도 그러했다. 10년 후에 자신이 되고 싶은 모델이 회사 안에서는 보이지 않았다. 매일 회사와 집, 거기에 술집까지 오가며 만나는 사람들도 업무 관계가 대부분이었다. 이렇게 인생이 끝나는 걸까 생각하니 문득 허망해졌다.

홋카이도에서 대학을 졸업한 후 석유 기업 이데미쓰산업에 들어가 근속 20년 되던 해의 감상이다. 나카야마는 샐러리맨으로서 후쿠오카, 나고야, 도쿄, 오사카로 전근을 반복하며 당시에는 다카마쓰 지점에 근무하고 있었다.

아와 카페를 운영하는 나카야마 류지.

어디에도 뿌리를 내릴 수 없는 뿌리 없는 풀처럼 살았죠. 이제 샐러리맨 인생은 대충 알게 되었고 다른 인생을 살고 싶다고 생각하고 있었습니다.

마침 그즈음 'in 가미야마' 홈페이지에서 130년 된 옛집 정보를 보고 그린밸리에 전화를 걸었다. "제가 사겠습니다." 2013년 3월에 아내와 다섯 살 된 둘째 아들까지 세 명이 이주했다. 고교생인 첫째 아들은 고베시의 고등학교에 다니게 했다.

이주하고 한동안은 마을에서 나는 농산물 가공품을 만들어 생계를 이어가려고 매실잼과 매실시럽을 만들었다. 알게 된 주민이 가게를 해보지 않겠냐고 권유해서 소바집이었던 가게를 개조하여 2013년 2월에 카페를 열었다. 조리사 자격증을 가진 아내가 요리를 담당했다.

카페의 간판에는 '마을의 볼 만한 곳 안내'라고 쓰여 있다. 마을을 방문하는 사람들을 위해 동료들과 관광 안내 지도를 만든 것이다. 그린밸리와 상공회의 이사가 된 나카야마는 말한다.

예전에 회사를 그만둘 때 "가미야마로 이주합니다."라고 말해도 가미야마의 사정을 아는 동료는 한 사람도 없었습니다. 지금이라면 몇 명은 알지 않을까요. 제2의 인생을 시작하게 된 것은 가미야마의 여러분 덕분이지요. 그런 마을에 조금이나마 도움이 되고 싶습니다.

청년을 불러들이는 '가미야마 주쿠'라는 장치

시골 생활은 하고 싶고 가미야마에도 흥미가 있다. 그렇다 하더라도 급하게 이주하기에는 불안하다. 그런 젊은 이주자를 불러들이는 '장치'가 가미야마에 있다. 카페 오니바의 구니모토와 요시자와도 학생이었던 가미야마 주쿠다.

가미야카 주쿠는 2010년 그린밸리가 6개월 체류형 직업훈련 장소로 시작한 곳이다. 2017년 봄에 졸업한 8기생까지 총 105명, 그 가운데 40퍼센트가 그 후에도 가미야마를 중심으로 도쿠시마현 내에 정착해 있다. 가미야마 주쿠의 사업 주체는 그린밸리지만 운영은 도쿠시마시에 본사를 둔 '릴레이션(Relation)'이라는 회사에 위탁하고 있다. 애초에 가미야마 주쿠를 제안해 설립한 이는 릴레이션의 사장 게도인 히로토모(祁答院 弘智)다.

도쿠시마에 살고 있는 게도인을 가미야마에 끌어들인 것은 2008년 5월에 읽은 「그린밸리가 워크 인 레지던스 사업을 시작한다」라는 신문 기사였다. 기사에는 가미야마에서 창업할 청년에게 이주를 권한다고 쓰여 있었다.

이 그린밸리라는 NPO는 대체 무슨 생각을 하고 있는 것일까 궁금했습니다. 공짜라도 시골에 이주자가 오지 않는데 마을에서 창업하는 사람을 모집한다고? 그런 말도 안 되는 일을 하다니 하고 생각했습니다.

당시 게도인은 회사를 설립한 지 얼마 안 되었고 청년과 사회를 이어주는 커뮤니케이션 업무를 하고 싶다고 생각하고 있었지만 무엇을 해야 좋을지 몰랐다. 고민하던 차에 이 기사를 읽은 것이다.

무슨 생각을 하고 있는 것인지 궁금한 한편 어떤 마을인지 관심이 생겼다. 한번 이야기나 들어보자고 그린밸리의 오오미나미를 만났는데 놀랐다. 시골의 NPO가 매해 아티스트 인 레지던스로 해외의 예술가를 초대하고 있었다. NPO의 목표가 '일본의 시골을 멋지게 바꾸자!'라는 것을 들은 그는 생각했다. 그런 큰 목표를 제시하다니 대단하고 재미있는 마을이 아닌가. 이 마을이라면 자신의 도전을 받아줄 것 같았다.

그는 바로 오오미나미에게 "이 마을에서 주민과 청년이 연결되는 일을 하고 싶습니다!"라고 했다.

그러자 오오미나미는 말했다. "잘 모르겠지만 해보는 것도 좋겠네요."

가미야마 주쿠를 운영하는 게도인 히로토모 사장.

그는 숲을 정비하고 다랑이논을 재생시키기 위해 아는 대학생과 댄서, 밴드맨, 청년들을 데리고 3년간 가미야마를 돌아다녔다. 보통 10명 정도 규모였다. 모내기와 추수철에는 50~80명의 청년을 모았다. 180센티미터를 넘는 거구에 목소리도 큰 게도인은 사람을 끌어들이는 힘이 있었고 청년들과는 계속 일을 부탁할 수 있는 막역한 사이가 되었다.

그러나 그런 활동은 자원봉사라서 돈이 되지 않았다. '어떻게 하지 않으면 안되겠다.'라고 생각하던 차에 후생노동성이 민간 직업훈련 제도를 시작한 것을 알게 되었다. 훈련생에게는 10만 엔의 생활지원금을 제공한다는 이야기를 듣고 가미야마에 '지역 만들기 플래너'를 육성하는 직업훈련원(주쿠, 塾)을 만들면 어떨까 하고 생각했다. 그것이 가미야마 주쿠의 시작이었다.

일단 한번 해봐!

3년간 게도인과 청년들은 다랑이논 재생을 위해 주민들과 소통해가면서 바뀌어가고 있었다. 가미야마에 반년간 체류하고 마을에 사는 다양한 사람들을 '선생님'으로 삼아 지역 만들기를 배우는 주쿠를 열었다. 게도인은 그린밸리의 사업으로 주쿠를 설립해서 릴레이션이 위탁 운영하는 형태로 하면 되지 않을까 생각했다. 바로 오오미나미에게 상담을 하자 또 한 번 이 말이 되돌아왔다.

일단 한번 해보세요!

가미야마 주쿠의 제안은 그린밸리 이사회에 상정되어 사업으로 진행하자는 허락이 떨어졌다.

게도인은 회상한다.

잘될지 안 될지는 우리 책임이지만 우선 기회를 주자. 부정적인 생각이 아니라 긍정적인 생각으로 도전하면 좋지 않겠냐며 등을 다독여주었습니다.

모든 시골이 그렇지는 않다. 도시에서 이주한 청년이 새로운 바람을 불러일으키기를 바란다는 지자체의 말을 듣고 그런 마음으로 이것저것 제안을 해도 "그건 안 돼, 이것도 현실적이지 않아." 하고 반대한다. 제안한 사람은 망신만 당하고 만다. 그런 일이 계속되는 가운데 이주자는 마을을 떠나가버린다. 지방에서 자주 있는 일이다.

게도인의 가미야마 주쿠 제안을 정부가 조성 사업으로 채택할지 어떨지는 알 수 없었다. 그 시점에서 현실성은 한없이 낮았을 것이다. 그렇지만 "일단 한번 해봐!"라고 했던 오오미나미는 이렇게 말한다.

불가능한 이유를 찾기보다 가능한 방법을 찾는다는 것이 그린밸리의 신조입니다. 이것저것 생각해보고 하지 않는 것보다는 아무튼 해보는 쪽이, 가령 잘되지 않더라도 얻는 것이 큽니다. 그러니까 '일단 한번 해봐!' 하고 우리도 다른 사람들을 향해 말할 생각이었습니다. 게도인 씨가 자원봉사로 다랑이논 재생에 힘쓰는 모습을 보고 맡겨보자 생각했습니다.

그러나 역시 사업화는 순조롭지 못했다. 창구에 신청서를 제출했지만 여러 번 반려되었다.

직업훈련 사업이었기 때문에 (관청에서는) 컴퓨터 교실과 소셜워커(social worker) 양성 과정 등이 이미 많이 이루어지고 있어서 생소한 산골의 NPO가 지역 만들기 플래너를 육성한다고 해도 알아주지 않았습니다. 설비는 있는지, 교사는 있는지, 대체 직업훈련의 실적은 있는지 같은…… 지금 생각하면 도전의 연속이었습니다.

그럼에도 게도인은 수정에 수정을 거듭하고 신청하여 간신히 반년 만에 채택되기에 이르렀다.

더 있고 싶다고 생각하게 만드는 실험 이주

가미야마에 반년 체류하며 연수를 받고 이벤트 플래너와 지역 코디네이터를 해보시지 않겠습니까. 월 10만 엔의 생활지원금도 지급합니다.

이와 같은 학생 모집 광고를 도시 청년들이 자주 보는 구인 서비스 '도쿄 일자리 정보'●에 올리자 전국에서 지원자가 몰려들었다. 평균 연령은 30세 전후에 대학 졸업 후 도시에서 일하고 있던 사람들이 대부분이었다. 고학력이며 유학과 장기 해외여행 등으로 해외 거주 경험이 있는 사람의 비율이 높았다. "시골에 이주해볼까 생각했으니 원래부터 호기심이 강한 사람들이지요."라고 게도인은 말한다. 도쿄에서 대기업 완구 회사 IT 부문에서 일했던 도이즈미 사토코도 그런 사람이었다.

● 구인구직 사이트로 현재는 일본 일자리 정보.(日本任事百貨, http://shigoto100.com)

위 | 가미야마 주쿠를
졸업한 후 현재 워크
가미야마 관리자로 일하는
도이즈미 사토코.
아래 | 가미야마 주쿠의
이벤트 프로그램 '어린이
자연학교'가 만든 원두막.

　가미야마 주쿠의 교육 과정은 약 30퍼센트가 교실에서 이루
어지고 나머지는 다랑이논 재생과 숲의 정비, 옛집의 보수 외에
현 바깥의 사람을 모으는 이벤트 등 '온 더 잡 트레이닝(On the job
training, 업무 기반 훈련)'이다.

　2011년 여름부터 시작된 연수에서 도이즈미는 마을 아이들
과 함께 자연을 배우고 메밀 파종부터 수확까지 하는 실습에 참
가했다. 몇 개월이 지나자 마을을 거닐면 아는 사람들도 많이 늘
어났다. 만나면 반드시 인사를 주고받는다. 도쿄에서는 생각하지

못했던 삶의 방식이다. 하숙집에서는 가족같이 대해주었다.

가미야마에 더 있고 싶다고 생각하게 된 그녀는 연수를 마치고 그린밸리 직원으로 채용되어 IT 기업 유치를 담당하게 되었다. 시찰자를 안내하기도 하고 IT 기업 경영자와 상담을 한다. 그러다가 푸랏토이즈의 스미타 데쓰를 만나 결혼했다. 설립부터 관여했던 위크 가미야마의 관리자가 된 도이즈미는 말한다.

가미야마 주쿠에서 보낸 반년은 실험 기간이었어요. 그 시간이 좋았어요.

갑작스런 이주는 장벽이 높다. 그 전에 생활지원금을 받으면서 반년간 살아볼 수 있는 가미야마 주쿠 경험은 이주 희망자에게는 상상도 못했던 기회가 아니었을까.

같은 실험 이주 제도의 예로 총무성이 2009년도에 시작한 '지역 살리기 협력대'가 있다. 이것은 대원으로서 보수를 받으면서 3년간 같은 시군구에서 활동하는 제도다. 그러나 이미 많은 예산이 투입된 마을에서도 매해 몇 명 정도는 다른 곳으로 이주한다. 그것에 비하면 가미야마 주쿠는 매해 수십 명을 받아들인다. 게다가 기간은 반년으로 짧다. 이 짧은 기간이 가볍게 응모해보자고 생각하게 만드는 절묘한 한 수가 되었다.

창업하는 졸업생들

가미야마 주쿠 졸업 후 수제 구두점 리히토리히토를 개업한 가나자와 고키.

이미 창업이 가능한 경력을 가진 사람이 학생으로 응모한 경우도 있다. 이들은 급하게 이주해서 창업하지 않고 먼저 가미야마 주쿠를 경험하고 난 후에 이주하여 창업한다.

2015년 1월에 주문 제작 수제 구두점 '리히토리히토'를 가미야마에 연 구두 장인 가나자와 고키(金澤 光記)도 그중 한 사람이다. 아이치현 출신인 그는 국내 전문학교에서 배운 것에 만족하지 않고 기술을 향상시키고자 독일에서 1년간 연수했다. 귀국하여 아내의 고향 도쿠시마시에서 독립을 생각하던 때에 가미야마 주쿠를 알게 되어 2014년 2월부터 반년 동안 학생으로 마을에서 지냈다.

가미야마에는 그때까지 만나보지 못했던 여러 사람이 있었다. 위성사무실을 연 IT 기업의 경영자, 먼저 창업한 이주자. 시찰자와 순례자도 전국에서 방문했다. 그 다양함에 가능성을 느끼고 가미야마에서 창업을 결정했다.

주문 제작 수제 구두는 결코 싸지 않다. 가미야마 같은 과소화 마을에서 매출을 올릴 수 있을까. 그렇게 묻자 6개월 뒤까지 예약이 밀려 있다고 말한다. 그 비결은 그의 주문 방식에 있다. 구두를 주문하는 사람에게는 아무리 먼 곳에 있어도 반드시 가게에 들르게 한다. 어떤 구두가 맞을지 찬찬히 얘기를 듣고 치수를 잰다. 발가락이 특이한 모양인 사람이 있는가 하면 발에 장애가 있는 사람도 있다. 그의 진솔한 태도가 입소문이 나서 도쿠시마현 밖에서도 주문이 들어온다.

가미야마 주쿠는 업무 경력을 가지고 마을에서 창업하는 이주자들을 불러들이는 장치가 되었다.

학생을 맞이하는 가미야마의 아버지와 어머니

게도인이 "이 사람들이 없었으면 가미야마는 있을 수 없습니다." 라고 말하는 두 명이 있다. 한 명은 그린밸리 초창기 회원인 이와마루 기요시다. 마을의 의류점 '이와마루 백화점'을 운영하는 그에게는 많은 아들딸이 있다.

세어보지는 않았지만 딸이 100명은 넘지 않을까. 아들도 그 반정도는 있지 않을까요.

물론 실제로 자식이 아니고 대부분 가미야마 주쿠의 학생이었던 청년들이다. 이와마루는 '가미야마의 아버지'로 불린다.

그는 전국에서 모인 학생 가운데 일부를 매해 자택에서 하숙

이와마루 기요시(오른쪽에서 세 번째)의 집에는 가미야마 주쿠 학생들이 빈번히 모인다.

시킨다. 7년간 총 20명. 그 외의 학생들도 밤마다 그의 집에서 열리는 모임에 익숙하다. 또 그 집에 머무른 학생의 친구가 기숙하기도 하고 논문을 쓰기 위해 왔던 대학생이 체류하기도 하고, 잠깐 들린 청년이 머물기도 한다. 이들이 학생인지 아닌지, 가미야마에 이주할 건지 아닌지 하는 구분은 그의 머릿속에 없다. 아내를 먼저 보내고 자녀 둘은 도쿠시마에 살고 있는 이와마루는 가미야마에서 어머니와 살고 있다.

북적거리는 것이 고맙지요. 청년들과 대화하면 젊어지기도 하고.

4년 전에 학생으로 6개월 동안 하숙하고 지금은 마을의 지역포괄지원센터에서 일하는 다나카 야스코(田中 泰子)는 "도움은 우리가 받았지요."라고 말한다.

가미야마에는 많은 청년들이 온다. 도시에서 일에 치이고 인간관계에 좌절한 사람, 인생을 바꿔보고 싶다는 사람……

여러 사람이 어떤 상담을 해도 공감하며 이야기를 들어줍니다. 저를 정말 소중하게 생각하고 저도 그 사람을 소중히 여기고 싶다고 생각하게 되는 사람을 가미야마에서 많이 만났습니다.

이와마루가 아버지라면 '가미야마의 어머니'는 아이하라 구니코(粟飯原 國子)다. 남편과 살고 있는 집에 하숙을 받고 있지만 놀라운 것은 그녀도 학생이었다는 사실이다. 2010년에 가미야마 주쿠가 시작된다는 말을 듣고 그녀는 주 1회라도 청년들에게 음식을 만들어주고 싶다고 생각했다.

일부러 각지에서 가미야마에 왔는데 제대로 먹지도 못하면 안쓰럽지요.

근처 주부들과 상의하여 주 1회 밥집을 열자고 생각했다. 하지만 밥집에 와도 말이 안 통하면 젊은이들과 친해지지 않겠지. 그래서 아이하라는 67세에 청년들과 같이 가미야마 주쿠 1기생이 되었다. 연금을 받고 있어서 학생에게 주어지는 생활지원금은 전혀 받지 못했다. "하루도 빠지지 않아 개근상도 받았어요. 인생에서 제일 행복한 반년이었어요. 청년들에게 둘러싸여 강의를 들

매실 찻집을 열어 학생들에게 음식을
만들어주는 아이하라 구니코(왼쪽).

는 것도 즐거웠지요.”라고 회상
한다.

주부들과 연 '매실 찻집'은 언
제나 학생과 이주자 들로 북적거
렸다. 식비는 동전 하나면 가볍
게 먹으러 올 수 있지 않을까 하
는 친절한 마음 씀씀이에서 500
엔으로 정했다. 그녀는 자택에
매해 두세 명의 여학생을 하숙시
킨다.

학생들은 다들 솔직하고 좋은 아이들뿐이에요. 착하지만
소심해서 가끔씩 고민하는 애들도 있지만.

학생들에게 아이하라는 '가미야마의 어머니'라고 불린다. 그
러나 하숙을 하고 있는 이와마루와 아이하라만이 가미야마의
아버지, 어머니가 아니다. 학생과 이주자 들에게는 둘도 없는 주
민들이 많다. 도시 생활에서 벗어나 자신과 마주하고 미래의 일
을 생각하는 학생들의 곁에 친절하게 상담을 해주는 주민이 있
다. 주민과의 연대가 가미야마를 '제2의 고향'으로 만들어준다.

가미야마 주쿠를 설립한 게도인은 "나는 가미야마가 길러준 창업자입니다."라고 말한다. 청년들과 사회를 이어주는 커뮤니케이션 일을 하고 싶다고 생각하면서 무엇을 해야 좋을지 몰랐던 이 사람은 지금 가미야마뿐만 아니라 도쿠시마 가이요정과 홋카이도 우라호로정 등의 지방재생 사업과 인재 육성 등에 관여하며 전국을 돌아다닌다. 사원도 다섯 명 두고 있다. 게도인은 "가미야마 주쿠의 진수는 주쿠 밖에서 보내는 시간에 있다."고 말한다.

물론 주쿠의 커리큘럼과 온 더 잡 트레이닝도 중요합니다. 그렇지만 그것만으로는 부족합니다. 지역에 관여하고 지역에서 사는 사람들 속에서 만나고 배우면서 성장하는 겁니다.

가미야마 주쿠는 평일 오전 아홉 시 반부터 오후 네 시 반까지 일곱 시간 동안 진행된다. 그 외에 하루에 남는 17시간을 어떻게 사용하는지가 중요하다고 말한다. 여가 시간에 돈을 쓰고 싶어도 마을에는 편의점 한 곳이 있을 뿐 쇼핑몰과 술집 거리도 없다. 도쿠시마 시내에 나가려면 한 시간에 한 번 있을까 말까 한 버스로 한 시간이나 걸린다. "그래서 좋은 거지요."라고 게도인은 말한다. 돈을 쓸 시간도 없기 때문에 자신과 마주하고 미래를 생각한다. 주변에는 의논할 수 있는 이주자와 친절하게 상담에 응해주는 주민이 있다.

"이런 시간을 갖는 것이 중요합니다. 그래서 남은 17시간에 대해서는 전적으로 방치하고 있습니다". 학생의 40퍼센트가 가미야마와 도쿠시마에 남는 이유를 그는 이렇게 말한다.

> 당연한 말이지만 가미야마 주쿠에서는 가미야마에 남으라는 말 따윈 하지 않습니다. 학생이 남기를 선택하는 것이 지역의 힘이라고 생각합니다. 그런 지역이기 때문에 가미야마 주쿠도 성립하는 것입니다. 지역이 길러주는 것이기 때문이죠.

친절이 순환하는 마을

도쿠시마에서 가미야마로 이어지는 438번 국도에서 오른쪽으로 들어서면 보이는 언덕 위에 '유산피자(Yusan Pizza)'●가 있다. 오사카에서 가족과 함께 이주한 시오타 루카(塩田 ルカ)가 옛집을 개조하여 2014년 7월에 문을 연 피자 레스토랑이다. 무농약, 자연농법의 채소를 사용하고 허브는 자가 재배한다. 그런 재료로 만든 피자를 이탈리아에서 가져온 돌화덕에 굽는다. 가게는 네 팀이 들어오면 꽉 찬다. 시오타가 피자를 굽고 아내 마이(舞)가 서빙을 한다. 부부만으로는 꾸려나가기 힘들기 때문에 예약제를 기본으로 하고 있다.

● http://www.town.kamiyama.lg.jp/enjoy/map/2015/12/yusan-pizza.html

이탈리아산 돌화덕에 무농약 채소를 넣어 구운 시오타의 피자.

많은 분이 오셔도 대응하지 못하고 기다리게 하는 것은 실례이기 때문에 천천히 식사를 즐기시길 바라는 마음입니다.

화덕구이 피자를 배우고 자급자족할 수 있는 장소에서 개업을 생각했을 때, "가미야마에 가보면"이라고 친구가 조언을 해주었다. 처음에 마을을 방문한 시오타는 "자연의 풍요로움에 한눈에 반했습니다". 이주 결정을 하게 된 것은 다섯 살이었던 큰아들의 "거기 또 가고 싶어."라는 한마디 때문이었다. 아이를 여유 있게 키우고 싶다는 것이 부부의 희망이었다.

도시에 사는 어린이는 다른 사람들에게는 불평의 대상이 되기도 합니다. 시끄럽고 소란스럽다는 말들을 합니다. 그렇지만 가미야마에서는 즐겁게 받아줍니다. 건강하게 자라고 있다고 머리를 쓰다듬어주기도 하지요. 주민들이 우리 애들 셋을 소중하게 생각하고 있다는 진심이 느껴집니다.

시오타의 이야기 중에서 재미있었던 것은 '가미야마에서는 친절이 순환한다'라는 말이다.

가미야마에 온 후로 여러 사람들에게 신세를 졌습니다. 그러나 신세를 갚는다는 생각을 굳이 하지 않아도 괜찮다는 편한 느낌이 들었어요. 도시에서는 신세 지면 답례를 해야 하지만 가미야마라면 다른 사람에게 친절하게 대하는 사람이 많다, 친절이 순환하는 것 같다는 생각이 들어요. 마을 전체가 모두 좋은 사람이라고 하기는 어려울 수도 있지만 그런 사람이 많은 것은 틀림없어요.

주말에 그의 가게에는 현 바깥에서도 손님이 온다.

손님은 마을에서 40퍼센트, 현 내에서 40퍼센트, 나머지 20퍼센트가 효고현과 가가와현, 에히메현, 오사카 등에서도 옵니다. 위성사무실을 방문하는 도쿄의 손님도 많고 근처의 할아버지, 할머니와 도쿄에서 온 사람들이 함께 앉아 있는 일도 자주 있습니다.

마음 착한 부부가 내놓는 피자가 맛있는 것은 물론이고 가게의 편안한 분위기가 인기의 이유 가운데 하나일 것이다. 명절이면 주민들이 도시에서 온 자녀와 손주를 데리고 가게에 온다. 가미야마에는 이런 가게도 있다고 자랑하고 싶은 것이다.

해외에서도 이주하는 인간 교차점

가미야마에는 해외에서 이주한 사람들도 있다. 2016년 2월에 네덜란드에서 이주한 아베 사야카와 남편 마누스 스위니(Manus

네덜란드에서 이주한 예술가 부부인
아베 사야카와 마누스 스위니.

Sweeney)도 그렇다.

아베는 미에현 출신으로 다마 미술대학을 졸업한 뒤 유럽으로 건너가 네덜란드 암스테르담을 거점으로 11년간 회화, 비디오, 공간예술 등 다방면에 걸쳐 활동해왔다. 아일랜드 출신인 마누스는 다큐멘터리 등을 제작하는 영상작가다. 가미야마에 이주한 계기는 아티스트 인 레지던스 때문이었다. 아베가 2013년 초빙작가로서 3개월 체재했고 마누스도 함께 와서 지내며 여러 사람들과 교류했다.

시골인데도 불구하고 여러 분야의 사람이 드나들고 마치 인간 교차점 같았어요. 도쿄보다도 많은 자극이 있고 가만 보면 옛날의 일본 풍경도 남아 있고요. 좋은 마을이라고 생각했지요.

그 뒤에도 가미야마 사람들을 만나고 싶어서 일 년에 몇 번씩 귀국해 마치 고향처럼 가미야마에 '돌아온' 사람이 되었다.

만나고 싶은 사람이 있다는 이유가 크지만 그것 때문만은 아닙니다. 이 마을은 여러 사람이 여러 가지 일을 하고 있어서 3개월 동안 없으면 뭔가 새로운 일이 일어납니다. 이번에는 무슨 일이 일어났을까 두근거리는 기분 때문에 가미야마로 향하게 됩니다.

아베는 10초쯤 생각한 뒤 바로 말을 이어갔다.

가미야마는 멈추지 않습니다. 이 마을에는 여러 사람이 드나들고 지역의 사람들을 끌어들여 무언가를 만들어나갑니다. 예를 들어 영상을 만들고 있지만 다른 재주가 있는 사람이 있고, 숲과 식물에 정통한 사람도 있습니다. 그 사람들이 어우러져 무언가 새로운 일이 생겨납니다. 같은 분야에 고착되어 있지 않기 때문에 재미있는 일이 일어날 가능성이 정말 높습니다. 마을에 무언가를 시작해볼까 생각하게 하는 분위기가 흐르고 있습니다. 하고 싶은 일을 시험하게 해준다고 할까요.

'가미야마는 멈추지 않는다'라는 말이 인상에 남는다. 나도 그렇게 느꼈기 때문이다. 끊이지 않고 누군가가 무엇을 시작하며 끝날 줄을 모른다. 아베는 자신이 한 말 대로 자동차 디자이너 데라다, 단쿠소후토의 하시모토 등과 '가미야마 메이커 스페이스'를 설립했다. 마누스도 이 마을에서 새로운 도전을 시작했다. 마누스의 고향 아일랜드의 건물과 닮은 본격적인 가미야마의 지역

크라우드 펀딩으로
모금하여 2018년에 문을
연 브루어리 가미야마
비어에서는 네 종류의 수제
맥주를 즐길 수 있다.

건물을 만드는 것이다.

이 부부는 '가미야마 맥주 프로젝트(KAMIYAMA BEER PRO-JECT)'라는 이름으로 크라우드 펀딩을 하여 자금을 모았다. 그리하여 2018년 7월 작은 바가 있는 수제 맥주 양조장이 가미야마 온천 근처 계곡에 문을 열었다.

미국인 맷 로슨(Matt Lawson)과 아내 사쓰키(さつき)도 아들 둘과 2016년 8월 캘리포니아에서 이주했다. 웹디자이너인 맷은 컴퓨터만 있다면 세계 어느 곳에서나 일할 수 있다. 이 부부는 자

미국 캘리포니아에서 가미야마로 이주한 웹디자이너 맷 로슨과 사쓰키 부부.

연이 풍요로운 곳에서 살자며 줄곧 이주지를 찾아왔다. 인도네시아 발리섬과 태국의 도시도 방문했지만 어느 곳도 한눈에 들어오지 않았다. 그러던 와중에 그린밸리가 영어로 제공하는 홈페이지 'in 가미야마'를 보게 되었다. 태평양을 건너 가미야마에 와서 답사 겸 1개월간 살아보고 이주를 결심했다. 맷은 말한다.

산이 있고 강이 있다. 거기에 아티스트 인 레지던스 덕분인지 마을 사람들은 외국인에게도 익숙하고 정말로 친절했다. 이 마을에서 쭉 살고 싶다.

사람이 모이고 다양성이 생겨나면 거기에 가능성을 느낀 사람들이 다시 모여든다. 그런 좋은 환경이 가미야마에서 시작되고 있다.

4장

마을의 미래를
자신의 일로
생각하다

—

지방재생 전략 만들기

2015년 5월 미국의 유력 신문《워싱턴 포스트》에 「과소화와 고령화 추세에 맞서는 작은 마을」이라는 제목이 붙은 기사가 게재되었다.[•] 작은 마을에서 일어난 '이변'은 이렇게 해외 미디어에도 소개되었다. 그 이변은 이제 마을 만들기의 주류로 진화하기 시작했다.

플레이어가 서로 다른 방향을 향하고 있다는 초조함

일찍이 그린밸리의 오오미나미가 인사말로 사용한 캐치프레이즈가 있었다. '세계의 가미야마가 된다!'

오오미나미의 누나 마쓰우라 히로미(松浦 ひろみ)가 그 말을

● 기사 원문은 "With rural Japan shrinking and aging, a small town seeks to stem the trend." (https://www.washingtonpost.com/world/asia_pacific/with-rural-japan-shrinking-and-aging-a-small-town-seeks-to-stem-the-trend/2015/05/26/3dac3d90-fa8a-11e4-a47c-e56f4db884ed_story.html?utm_term=e721611bb64e 참조.)

처음 들은 것은 20여 년 전이다. 마쓰우라의 딸이 다니는 중학교 행사에 내빈으로 초대된 오오미나미가 학생들 앞에서 이런 이야기를 한 것이다.

여러분은 가미야마 하면 도쿠시마현의 시골을 떠올리겠지만 우리는 조금이라도 더 재미있는 마을을 만들기 위해 노력하고 있습니다. 여러분 모두 어른이 되어서도 마을을 위해 힘써준다면 가미야마는 세계의 가미야마가 될 것입니다!

남동생의 인사말을 들으면서 마쓰우라는 걱정이 앞섰다.

너무 허무맹랑한 이야기를 내뱉으면 누구도 상대해주지 않을 것 같았습니다.

20여 년 전이라면 오오미나미가 동료들과 푸른 눈의 앨리스 인형을 미국에 귀향시킨 직후였다. 당시에는 국제교류를 실현한 성취감도 컸을 것이다. 마을을 재미있게 하는 실험이 다음 세대에도 축적된다면 반드시 마을은 바뀐다고 젊은 세대에게 전하고 싶었던 그의 기분을 알 듯하다. 그렇다고 하더라도 '세계의 가미야마'라는 것은 어떤 이미지였을까. 다시 한 번 그게 무슨 의미인지 오오미나미에게 물었다.

예를 들어 간사이공항에 내린 외국인의 목적지는 대부분 오사카와 교토 아닙니까. 그런데 공항에 도착해서 가미야마로 직접 향하는 사람이 나타나는 상황, 그런 느낌이랄까요. 하지만 최근에는 이런 비유를 쓰지 않고 있어요. 이미 현실이 그렇게 되어버려서 굳이 떠올리게끔 생각하는 것도 별로고요.

확실히 아티스트 인 레지던스 등의 이유로 가미야마로 향하는 외국인이 늘고 있다. 마을에 이주하는 사람도 낯설지 않다. 《워싱턴 포스트》도 취재하는 마을이 된 것이다. 20여 년 전에 꿈꾼 '세계의 가미야마'라는 이미지를 성취한 것이 틀림없다. 그런데 오오미나미한테서 생각지도 못한 이야기를 들었다.

이주자가 창업하고 위성사무실이 들어오는 것은 고마운 일입니다. 그렇지만 마을을 정말로 바꾸기 위해서는 기간산업인 농업과 임업을 활성화할 필요가 있습니다. 거기까지 이야기가 커지면 행정 기관이 움직이지 않으면 어렵습니다. NPO인 그린밸리만으로 움직일 수 있는 범위는 제한되어 있습니다. 어딘가에서 기어를 바꾸지 않으면 안 된다는 것을 알면서도 그 계기가 만들어지지 않은 채 시간이 흘러가고 있습니다. 실은 최근 몇 년 동안 이런 위기감과 초조함을 느끼고 있습니다.

확실히 가미야마에는 이주자와 위성사무실이 늘어 적지 않은 고용도 생겨났다. 그러나 인구감소가 멈추지 않는 가미야마의 현실을 바꾸는 수준에는 조금 못 미친다. 그의 이야기는 이어졌다.

> 그래도 지금 우리 민간과 지방자치단체가 같은 방향으로 움직인다는 것을 실감하고 있어요. 이주자와 주민이 어울려 여러 프로젝트를 만드는 식으로 변화하고 있습니다. 무대 자체가 바뀌는 중이라고나 할까요. 가미야마는 획기적으로 바뀌어가고 있고 이제 괜찮지 않을까 생각하게 되었습니다.

지방재생 전략을 짜다

가미야마의 기존 전략을 획기적으로 바꾼 계기는 지방재생으로 눈을 돌린 면사무소의 종합 전략 수립이었다. 지방재생은 제2기 아베 정권이 2014년 9월에 내건 중요 정책 중 하나다.* 급격한 인구감소를 멈추게 하고 수도권집중(一極集中)을 시정하며 지방의 자율적 활성화를 촉진하는 것이 주요 골자다. 지방재생 정책에 불을 붙인 것은 민간연구단체 일본창성회의가 2014년에 발표한 한 편의 보고서**였다. 이대로 인구감소가 계속되면 전국 지방자

---

* 우리나라에서는 지방창생이라는 용어보다는 지역재생이라는 용어를 더 보편적으로 사용하고 있다. 그러나 '지역'재생이라는 말은 지리적 공간을 한정하는 의미가 강하고, 현재 지방이 직면하고 있는 위기를 표현하기에는 부족한 것 같아서 이 책에서는 '지방재생'이라고 표현하였다.
** 2014년 5월 마스다 히로야(増田 寛也) 전(前) 총무장관이 주도하는 민간연구단체 일본창성회의는 「성장을 이어가는 21세기를 위하여: 저출생 극복을 위한 지방 활성화 전략」이라는 보고서(일

치단체의 반이 소멸하는 위기에 처할 것이라고 경종을 울렸다.

'소멸가능도시'라는 충격적인 논란을 야기한 이 보고서 발표 4개월 후에 정부는 '마을·사람·일자리 재생본부'를 설치했다. 같은 해 11월에는 지방재생 관련 법안 두 개[•]를 입법했다. 2015년 봄에 있을, 지방선거를 대비하면서 아베노믹스의 혜택을 느끼지 못하는 지방 유권자에게 '지방을 중요하게 생각한다는 점'을 강조하고 싶은 정부의 사심이 느껴졌다.

성과를 재촉하기 위해 정부는 전국 지방자치단체에 훈령을 내렸다. 47개 도도부현(都道府県)[••]과 1700여 시군구에 각각 지방자치단체의 미래 인구를 예측·분석하는 '인구 전망' 및 인구감소와 지역 활성화 대책을 합친 '종합 전략'[•••]을 2015년 중에 제

명 '마스다 보고서', 원문은 http://www.policycouncil.jp/pdf/prop03/prop03.pdf)를 발표했다. 이 보고서는 일본 전체 1799개 지방자치단체의 절반에 육박하는 896곳이 2040년까지 소멸할 것이라고 예측했고, 이 가운데 총인구 1만 명에 못 미치는 523곳이 소멸할 가능성이 특히 높다고 전망했다. 이후 이 보고서는 2014년 6월과 7월에《중앙공론(中央公論)》에 발표되었고, 2014년 8월에『지방소멸: 인구감소로 연쇄붕괴하는 도시와 지방의 생존전략』이라는 제목으로 출간되어 2015년 신서대상(新書大賞)을 수상할 만큼 일본 사회에서 큰 관심을 받았다. 한편 이러한 논리에 대해서 '수도권 중심 접근', '경제 지상주의', '지방 포기 논리', '단일 변수 의존', '배제의 정당화' 등과 같은 비판적 논쟁이 이루어졌다.(구체적인 내용은 박승현, 「지방소멸과 지방창생: 재후(災後)의 관점으로 본 마스다 보고서」,《일본비평》제16호(2016), 158~183쪽; 이정환, 「일본 지방창생정책의 탈지방적 성격」,《국제·지역연구》27(1)(2018), 1~32쪽 참조.)

●● 일본 정부는 저출생과 고령화에 대응하여 수도권 인구집중을 해소하고 각 지방에서 살기 좋은 환경을 확보하기 위해 2014년 11월 '마을·사람·일자리 창생법'을 제정했다. 그 외에 일본의 지방창생 관련 법령은 https://www.kantei.go.jp/jp/singi/sousei/kakugi_index.html 참조.

●●● 한국으로 치면 광역자치단체.

●●●● 정식 명칭은 총합 전략으로, 장기적인 비전에 입각하여 2015년을 시작으로 5개년의 정책 목표와 시책의 기본 방향이나 구체적인 내용을 총 정리한 정책을 의미한다.

지방재생 전략 수립 담당 당시 가미야마 총무과 주사 도치타니 마나부(이야기하고 있는 사람).
현재는 가미야마 연대공사 대표이사.

시하라고 촉구한 것이다. 불과 1년 정도 만에 지방재생의 처방전
으로서 종합 전략을 제시해야 하는 지방자치단체들은 허둥지둥
대응에 쫓기는 처지가 되었다. 가미야마에서도 당시 총무과 주
무관인 도치타니 마나부(杼谷 学)가 갑작스럽게 인구 전망과 종
합 전략 수립을 담당하게 되었다.

그림의 떡은 필요 없다

창성회의 보고서에서 가미야마는 전국 시군구 중에서 소멸가능
성이 스무 번째로 높은 지방자치단체로 평가되었다. 도치타니는
놀라지 않았다.

제가 면사무소에 들어온 20년 전 가미야마의 인구는
8000명대였고 이제는 약 5000명까지 줄었습니다.
도쿠시마현에서도 14세 이하 유소년 인구비율이 가장 낮고
과소화가 극심하다는 것은 잘 알고 있었습니다. 앞으로 소멸할
지방자치단체라고 불려도 이상하지 않은 상태였습니다.

그는 냉정해 보이는 인상이었지만 뜨거운 열정을 갖고 있었다. 지금까지 가미야마의 종합 계획은 다른 지방자치단체처럼 외부의 컨설턴트에게 의뢰해왔다. 그러나 모두 실현되기 어려운 그림의 떡 같은 계획만 나왔다. 이번에는 같은 실패를 절대 반복하고 싶지 않았다. 그래서 많은 대화를 통해 계획을 수립하고 논의의 결과를 실현 가능한 시책에 반영할 필요가 있다고 생각했다.

그러나 그것은 그렇게 간단한 작업이 아니었다. 누구와 함께 하면 좋을까. 그때 도치타니의 머리에 한 사람의 얼굴이 떠올랐다. 니시무라 요시아키였다. 가미야마의 이주 촉진을 담당하고 있는 그린밸리에 "이제부터 마을에 일거리를 가진 사람을 모집해보면 어떻겠습니까?"라고 워크 인 레지던스를 제안했던 사람이다.

그린밸리 홈페이지 'in 가미야마'를 만들어 마을과 인연을 맺은 니시무라는 그 후에도 가미야마를 오갔고 2014년 4월에는 아내와 함께 이주했다. 도쿄에도 집이 남아 있어서 두 집 살림이라고 말하는 것이 더 정확할지도 모르겠다. 이주 후에는 마을 홈페

이지의 리뉴얼도 부탁받았다. 그때의 면사무소 담당자가 도치타니였고, 그는 모임에서 참가자에게 발언을 독려하고 이야기의 흐름을 정리하여 합의에 이르게 한 니시무라의 능력을 잘 알고 있었다.

민관 연대에 안성맞춤인 사람

지방재생 전략을 마을과 함께 만들지 않겠습니까.

도치타니에게 제의를 받은 니시무라는 위탁 업무 입찰을 거치면서 하나의 조건을 걸었다. 팀에 특정인을 포함시키고 싶다고 말한 것이다. 니시무라에게는 민간 프로젝트 기획과 디자인 실적은 있지만 행정 기관과 4개의 조직이 함께 지방자치단체의 시책을 해본 경험이 없었다. 지방재생 전략 수립과 관련은 있지만 자신이 부족한 분야를 보충해줄 사람이 필요했던 것이다.

그가 바로 고토 다이치(後藤 太一)였다. 후쿠오카시에서 지역 만들기를 하는 '리전웍스'라는 디자인 회사를 경영하는 그는 도쿄에서 태어나고 자라서 도쿄대학교 공학부를 졸업한 후 대기업인 제네콘 가고시마건설에 입사해 설계부에서 일했다. 도시 계획에 관여하게 된 고토는 당시 좋은 계획을 실현하기 위해 제일 중요한 것은 좋은 도면을 만드는 것이라고 믿고 있었다. 그 생각이 바뀐 것은 1995년에 일어난 한신·아와지대지진 때였다.

고토는 회사에서 파견되어 지진 직후부터 피해 지역 조사를 하고 복구와 방재 계획 검토에도 참여했다. 집과 가게를 잃어버린 주민으로부터 행정 기관의 방재 계획에 대한 다양한 주문이 이어졌다. 서로 다른 이해관계를 조정하고 요구를 듣고 합의점을 찾았다. 그런 현장을 보는 동안 좋은 계획을 실현하려면 좋은 도면을 그리는 일보다 관련 주민들과 마주하고 행정 기관 입장도 이해하며 그 프로세스를 중요하게 여기면서 타협하고 방법을 모색하는 것이 더 중요한 게 아닐까 하는 생각을 했다. 지역 디자이너가 된 고토의 그런 생각은 민관 연대 프로젝트에서 제대로 발휘되었다. 대지진에서 그 생각의 기틀이 생긴 것이다.

1997년부터 3년간 파견 갔던 미국에서 그 생각은 확신으로 바뀌었다. 처음 2년 동안은 미국 캘리포니아 버클리대학 대학원에서 공부하고 수료 후에는 미국 전역에서 가장 살기 좋은 지역으로 평가받는 미국 오리건주 포틀랜드 근교에 있는 기관인 '메트로'에서 1년간 일하며 40년 후 포틀랜드의 미래상과 성장 전략을 수립하는 일에 참여했다.

미국의 민주주의 프로세스에 눈을 뜨게 된 하루하루였습니다. 산업 진흥이나 교통 계획에서 현장의 행정 직원과 관계자가 철저하게 협의·입안·조정해나가는 것을 보았고 우선적으로 프로세스를 중요시한다는 것을 알았습니다. 이런 점이

재미있어서 나도 지역을
디자인하는 일을 해보자고
결심했습니다.

기획 실현까지 매니지먼트에 관여하는
고토 다이치 리전웍스 대표.

고토는 귀국하여 국내외 지역 만들기에 관여했고 특히 후쿠오카 권역 지역 만들기에 심혈을 기울였다. 일에 열중하기 위해 아예 후쿠오카로 이주하여 2005년에는 가고시마의 회사를 그만두고 독립하여 '리전웍스'를 설립했다.

고토의 사업이 진행하는 프로젝트가 일반적인 컨설턴트 방식과 다른 것은 계획이 실현되기까지 매니지먼트에 계속 관여한다는 점이다. 계획을 제시하고 '안녕' 하는 컨설턴트와는 달랐다. 그림의 떡과 같은 계획을 만든다면 자신이 엄청난 후회를 할 것이라고 생각한다. 그래서 계획을 대충대충 세우지 않는다. 고토는 지방재생 전략 수립에 제격인 사람이었다.

가미야마가 안고 있는 세 개의 과제

고토와 니시무라는 예전에 니시무라가 가고시마에 근무했을 때부터 아는 사이였다. 니시무라는 4년 후배인 고토에게 좋은 인상을 가지고 있었고 후쿠오카에서의 활약도 알고 있었기 때문에 그를 초빙한 것이었다.

2015년 3월, 제안을 받아들일지 어떨지 결정하기 전에 가미야마를 방문한 고토에게 오오미나미는 이렇게 말했다.

가미야마에는 세 가지 과제가 있습니다. 이 과제를 해결하기 위해 힘써주지 않겠습니까.

그간 마을 재생에 힘써온 오오미나미가 지방재생 전략에 관심을 갖는 것은 당연했다. 그가 말하는 세 가지 과제는 무엇일까.

첫째는 주민과 이주자가 서로 대립하지 않아야 합니다. 두 번째는 민간과 정부의 협력입니다. 현재는 면사무소와 그린밸리 등 민관이 함께 원활하게 활동하고 있다고 말하기 어렵습니다. 세 번째는 그린밸리의 초기 멤버들도 60세를 넘어서 슬슬 세대교체를 하고 싶습니다. 이 세 가지 과제를 해결하려면 객관적인 시각을 가진 외부인의 힘이 필요합니다. 그러니 전략을 함께 세우지 않겠습니까.

이주자와 주민의 융합, 민관 협력, 세대교체…… 오오미나미는 초조함을 느끼면서 해결하지 못한 채 가미야마가 안고 있는 근본적인 이 과제들을 지방재생 전략 수립을 계기로 한 번에 해결하고 가미야마의 미래를 열고 싶다고 생각하고 있었다. 그 위기감은 고토에게도 그대로 전해졌다.

2015년 6월 고토 다이치까지 가세하여 모두 여덟 명의 지방재생 전략 수립을 위한 사령탑인 핵심 팀이 발족했다. 고토 마사카즈 면장과 담당자 도치타니에 젊은 직원 세 명을 더하여 지자체에서 다섯 명, 민간에서는 오오미나미와 니시무라, 고토 다이치 모두 세 명이었다.

'이의 없음'으로 결론 내리는 회의는 없다

우선 손을 댄 것은 전략 수립 프로세스를 결정하는 일이었다. 결론부터 말하면 핵심 팀이 정한 프로세스는 면사무소가 주도하지 않는, 행정 기관의 계획 수립 프로세스의 '상식'을 깨는 것이었다. 그 중심적인 이야기에 들어가기 전에 대체 행정 기관의 계획 책정 '상식'이란 무엇인지 써두고 싶다. 가미야마 전략 수립 프로세스와 비교하고 싶기 때문이다. 행정 기관의 상식을 잘 알 수 있는 다음의 문장을 보자.

○○면은 ○일, 인구감소 대책의 지침이 되는 종합
전략(2015~2019년도)의 초안을 면사무소에서 연 전문가 회의
제2차 회의에서 제시했다. 회의에서 위원들은 "주민 협력을

얻어가면서 관광객 유치에 힘을 쏟는다면", "청년에게 초점을 맞추기를 바란다."라는 의견을 제시했다. 면은 ○월 다음 회의에서 위원의 의견이 반영된 최종안을 제시, ○월 중에 책정을 목표로 한다.

이 문장은 현과 면의 종합 계획 수립에 전문가 대표로서 몇 번이고 관여한 경험이 있는 오오미나미가 쓴 가상의 신문 기사다. 짧은 문장이지만 행정 기관 계획 수립의 특징을 제대로 보여 준다. 특징의 하나는 전략의 초안을 면이 만든다는 것이다. 초안의 의견을 듣는 형식으로 주민 대표가 관여하기는 하지만 형식적인 참여에 불과하다. 또 하나는 겨우 세 차례의 회의로 최종안을 결정한다는 점이다. 결론이 이미 정해져 있는 것이다.

오오미나미는 이전의 경험에서 허망함을 느꼈다. 그래서 이번 지방재생 전략 수립은 다르게 하고 싶다는 마음으로 핵심 팀의 첫 회의에 임했다. 그러나 그러한 걱정은 부질없는 일이 되었다. 시작부터 니시무라는 이렇게 제안했다.

사무국 안을 내놓고 '이의 없음'으로 결론 내리는 형식적인 회의는 그만둡시다.

다른 멤버도 같은 생각이었다. 도치타니는 면사무소 담당이 될 때부터 주민들과 철저하게 의논해서 전략을 만들려고 마음먹었다. 고토 다이치는 프로세스를 중시하면서 계획을 만들어가는 전문가였다.

> ― 단체 회장이나 단지 지위가 높은 사람들을 모아서 하는 것이 아니라 다양한 사람들이 생각해야 한다.
> ― 마을의 미래를 생각하는 것이기 때문에 청년을 중심으로 멤버를 모아야 한다.
> ― 자유로운 의견을 들으려면 워크숍 형식이 좋다.

면사무소에 들어간 지 5년째인, 젊은 직원 대표로서 도치타니의 권유로 핵심 팀의 멤버가 된 총무과 바바 다쓰로(馬場 達郎)는 발언을 메모해가면서 들떠 있었다.

> 그때까지 경험한 행정 기관의 계획 수립과는 어디인지 모르게 달랐고 자극적이었습니다. 무엇보다 미리 정해놓고 회의를 하는, 즉 예정조화설(予定調和說)이 통하는 회의는 없었습니다.

상식을 깨는 '도가니'에서 의논

논의 끝에 핵심 팀이 정한 전략 수립 프로세스는 어딘가 행정 기관의 '상식'과는 동떨어져 있었다. 우선 면사무소는 초안과 사무국 안을 준비하지 않았다. 전략은 젊은 주민이 면사무소 직원과

지방재생 전략 만들기 워크숍. 이주자, 주민 등이 실무 집단을 결성했다.

함께 하나하나 처음부터 만들어가게 했다. 업무로 바쁜 사람과 아이를 키우는 세대인 주민을 의견을 듣는 대상으로만 삼지 않고 면사무소와 협동하여 전략을 만드는 주체로 만들었다.

논의 방식도 면사무소의 초안에 의견을 다는 전문가를 모은 협의회나 심의회가 아니라 의견을 내놓고 이야기를 나눌 수 있는 워크숍 방식을 채택했다. 8인의 핵심 팀과 별도로 주민과 면사무소 직원 대표 등 모두 28명에 이르는 실무 집단을 두었다. 그 구성도 주민, 면사무소 직원 각각 14명씩으로 구성하며 대체로 40대 이하로 연령을 제한했다. 일반적으로 면사무소에서 말하는 주민 대표란 노동자와 부인, 고령자, 산업계 등 각종 단체의 대표들이다. 그런데 40대 이하로 연령을 제한하면 연배가 있는 각종 단체 대표는 저절로 제외된다. 면사무소 측도 간부가 아니라 계장급 이하의 젊은 직원으로 한정한다.

4장 마을의 미래를 자신의 일로 생각하다

그러면 어떻게 주민 대표를 선정했을까. 보통의 지방자치단체라면 공모를 하지만 가미야마에서는 핵심 팀이 심사숙고하여 임의로 선발했다. 이 사람이라고 확신이 드는 키맨에게 손짓을 한 것이다. 효율적이지만 공평·평등을 취지로 하는 행정 기관의 상식을 벗어난다. 도시였다면 선발 기준이 불투명하다는 소리가 나올지도 모르겠지만 작은 마을이기 때문에 허용되었다고 할 수 있다.

니시무라는 실무 집단을 구성한 의도를 이렇게 말한다.

40대 이하로 제한한 것은 마을의 미래를 만들어가는 작업이므로 미래를 자신의 일로 받아들이는 세대로 구성하고 싶었기 때문입니다. 핵심 팀을 합해 36명이라는 수를 정한 것은 참가자가 전원의 얼굴을 기억할 수 있는 정도의 인원으로 하고 싶어서였습니다. 면사무소와 민간, 지역에서 나고 자란 주민과 이주자가 한데 어우러져 이 사람이라면 적임이라고 할 만한 사람이 뽑혔다고 생각합니다. 목표는 열정을 가지고 '도가니'를 만드는 것이었습니다.

'끝'이라는 위기감을 공유하다

'도가니' 만들기에 앞서 니시무라를 다급하게 만든 것은 강한 위기감이었다.

앞으로도 면사무소가 변할 기회 없이 시간이 지나 인구가 줄고 그린밸리의 고령화가 진행되면 이 마을은 끝이라고 생각하고 있었습니다. 그래서 옛날부터 있던 사람과 새롭게 이주한 사람이 섞여 세대교체를 진행하는 가운데 면사무소의 의식도 필요한 부분은 바뀌게끔 프로세스를 설계했습니다.

IT 기업의 위성사무실 유치, 이주자 모집, 아티스트 인 레지던스를 통한 국제교류……. 이제까지 가미야마의 '도전'을 견인해 온 것은 그린밸리가 틀림없다. 그러나 하나의 NPO만이 눈에 띄는 것은 결코 좋지 않다. 면사무소를 포함해 다른 곳의 존재감이 희미해지는 반증이기 때문이다.

오오미나미 자신이 고토 다이치에게 말한 것처럼 설립부터 관여한 주요 멤버는 모두 60대 후반으로 세대교체를 할 나이가 되었다. 독특한 마을 만들기로 전국적으로 주목을 받았지만 언제부터인가 소리 소문 없이 사라져버린 지역을 나는 여러 곳 알고 있다. 대부분 세대교체에 실패한 사례들이었다.

그런 위기감은 고토 면장도 공감하고 있었다. 그것이 여실히 드러난 문장이 있다. 2015년 12월에 정리한 가미야마 지방재생 전략 보고서 「마을을 미래 세대에 이어주는 프로젝트」의 서두에 고토 면장이 쓴 문장이다.

이 보고서에는 여러 아이디어가 제시되어 있지만 모든 것을

완수한다는 각오로 하지 않으면 가미야마의 미래는 없다고 느끼고 있으며, 검토 회의가 시작된 때부터 이것은 반드시 실현시키기 위한 계획이라고 단언하고 계획을 진행했습니다.

지방재생 전략을 "실현시키기 위한 계획"이라고 선언한 고토 마사카즈 면장.

"실현시키기 위한 계획"이라고 면장이 특별히 선언한 것에 대해 계획을 실현하는 것은 당연한 것 아닌가 하고 이상하게 여길 독자가 있을지도 모르겠다. 하지만 행정 기관의 세계에서는 그게 그렇게 당연한 일이 아니다.

예전의 시군구는 '지방자치법'에 의해 종합 계획을 수립하는 것이 의무적이었고 기본 구상은 10년 정도, 그 밑의 통합 계획은 5년 단위로 미루어 보는 것이 일반적이었다. 2011년에 책정 시한 의무는 폐지되었지만, 지방자치단체에게 그 계획이란 오랫동안 의무적으로 지켜야 하는 계획이기 때문에 필요성에 따라 만든 것일 뿐 그 이상 자발적으로 무언가를 새롭게 만들기는 어려웠다. 그렇게 되면 계획 자체가 유명무실해진다. 계획을 실현시키는 것이 목적이 아니라 계획을 수립하는 일만 반복하게 된다. 결국 실현 불가능한 계획만 수립된다. 이제는 이런 패턴을 행정 기관의 습성이라고 말할 정도까지 되어버렸다.

　정부 훈령으로 시작된 지방재생을 위한 종합 전략 수립은 한 술 더 뜬 것이었다. 지방자치단체의 자발적인 움직임이 아니라 국가에서 실질적으로 강제한 것과 마찬가지고 게다가 불과 1년 안에 수립해야 하는 등 엉망진창인 상태였다. 지방자치단체가 틀만 짜는 전략 수립에만 질주하는 환경은 이미 익숙해져 있다. 그렇기 때문에 고토 면장이 "실현시키기 위한 계획"이라고 선언한 것은 뜬금없는 발언이 아니라 매우 중요한 의미가 있다.

　고토 다이치는 말한다.

　핵심 팀이 모인 첫 회의에서 우두머리인 면장이 전략에 담긴 것은 실행하겠다고 약속했습니다. 어떤 내용이 도출될지도 모르는 단계에서 진심이 담긴 강한 의지를 느꼈습니다.

토론할 수 있는 지식을 갖추다

2015년 7월 7일 핵심 팀이 정한 프로세스에 따라서 실무 집단 논의가 시작됐다. 28명의 멤버는 다채로웠다. 주민 대표 14명의 직업은 교사, 제재소 경영자, 사진관 경영자, IT 회사 경영자, 위성 사무실 직원, 지역 살리기 대원, 농협 직원……. 면사무소 직원 14명은 총무과와 건강복지과, 산업관광과, 건축과, 교육위원회 등 각 과에서 2명씩 젊은 직원들로 이루어져 있었다.

첫 번째 실무 집단 회의에서 진행자 니시무라는 이렇게 말했다.

두서없이 말해도 괜찮습니다. 본인의 직분에 휘둘리지 말고
자신의 일처럼 이야기해주세요.

하지만 인구감소 대책 아이디어를 갑자기 내놓으라고 해서
나올 리가 만무하다. 그래서 외부에서 게스트를 초대하여 7월부
터 8월에 걸쳐서 총 3회의 학습회를 열었다. 니시무라는 목표를
이렇게 설명했다.

우선 생각한 것은 논의할 수 있는 '머리'를 만드는 것이었습니다.
일단 선진 사례를 듣고 이런 일도 할 수 있구나, 이렇게 생각하면
될까 하며 사고의 폭을 넓히고 이미지를 공유하게 하는 것이
학습회의 목적이었습니다.

학습회의 강사로 다음 세 명이 선발되었다.

첫 번째 강사는 시마네현 오키쇼도 아마정의 오키쿠니 학습
센터장으로서 인재 육성을 하고 있는 도요타 쇼고(豊田 庄吾). 외
딴 섬의 폐교 직전 고등학교를 매력적으로 만들어서 학생 수를 V
자로 회복시켰다. 그 개혁을 주도한 중심인물의 한 사람이다.

두 번째 강사는 오카야마현 니시아와쿠라촌에서 '촌락 에너
지'라는 회사를 경영하는 이즈쓰 고헤이(井筒 耕平). 우드칩 바이

오매스로 마을 온천 시설의 에너지를 제공하고 게스트하우스를 운영하는 등 지역 내에서 재화를 순환시키는 '지역 내 경제순환' 방법 만들기에 도전하고 있다.

마지막은 도쿠시마 출신으로 NPO 법인 'ETIC(도쿄)'의 대표 이사 미야기 하루오(宮城 治男). 혁신을 일으키는 사회 창업가 육성을 일본에서 가장 먼저 시도해 각지의 지방재생에도 관여하고 있다.

교육, 자연 에너지, 지역 내 경제순환 일자리 만들기……. 강사 세 명이 각자의 전문 분야에서 가미야마의 현 상태에 대해 핵심 팀이 어떠한 문제의식을 가지고 있는가를 들었다.

핵심 팀의 바바는 당시를 이렇게 회상한다.

폐교 직전의 학생 수를 V자로 회복시켰다는 말을 듣고 조세이고등학교 가미야마 분교도 뭔가 가능하지 않을까 하는 기대를 했습니다. 니시아와쿠라의 이야기를 듣고 가미야마의 나무도 천연 바이오매스가 되지 않겠냐는 이야기가 나왔습니다. 학습회를 기회로 여러 가지 일이 가능하지 않을까 하는 방향으로 분위기가 바뀌고 있었습니다.

이대로 가면 닥쳐올 미래

지방재생 전략 수립에 대한 논의가 시작된 것은 2015년 8월이다.

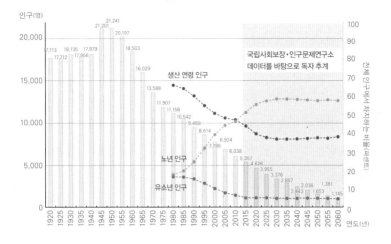

인구(명)

국립사회보장·인구문제연구소
데이터를 바탕으로 독자 추계

생산 연령 인구

노년 인구

유소년 인구

연도(년)

전체 인구에서 차지하는 비율(퍼센트)

가미야마의 인구 추이.

여기서 전략 수립의 전제가 된 가미야마의 인구감소에 대해서 조금 언급하고 싶다. 국가 인구조사에서 가미야마 인구는 1950년 2만 1241명을 정점으로 계속 감소세로 이어져 2010년에는 6038명이 되었다. 예전에 마을을 지탱했던 임업이 침체하고 도쿠시마와 오사카, 도쿄로 인구유출이 계속됐기 때문이다.

이대로 인구감소 경향이 이어지면 전체 인구는 어떻게 될까. 핵심 팀은 2040년에는 2443명, 2060년에는 2015년의 5분의 1 이하에 해당하는 1145명까지 감소한다고 추정했다. 이주자가 늘어나는 최신 경향을 추정에 반영해보면 감소 곡선은 다소 완만하게 그려진다. 2060년 추정은 1997명이지만 그렇다 해도 2010년의 3분의 1이다. 하지만 단지 수치를 제시하는 것만으로 주민이 위기를 제대로 실감하기는 어려웠다. 핵심 팀은 '이대로 가면 닥쳐올 미래'를 제시하기로 했다. 닥쳐올 것을 방관하고 아무것도 손대지 않으면 일어날 미래의 모습 말이다.

8월 19일에 실무 집단 28명과 핵심 팀 8명이 모여 가진 전략 수립 전체 회의에서 사회자 니시무라가 이야기한 미래는 다음과 같다.

— 2020년경에는 마을 유일의 고교인 조세이고등학교 가미야마 분교가 폐교됩니다.
— 도쿠시마와 가미야마를 연결하는 버스 노선이 폐지됩니다.
— 계약하는 세대가 줄어 케이블 TV 사업도 철수합니다. 그렇게 되면 인터넷을 사용하는 환경이 없어지면서 위성사무실도 떨어져 나갑니다.
— 세수 감소로 인해 면 재정이 어려워지면 기존의 사업 유지가 힘들어져 새로운 사업은 더 어려워집니다.
— 병원과 상점, 택시 회사가 폐업합니다.
— 2040년경에는 마지막 남은 중학교와 초등학교도 폐교되고 지역에서 아이들의 모습이 사라집니다.
— 물려받을 사람이 없어서 선조들로부터 이어온 경관과 역사, 문화가 사라집니다.

아마정에서 예측한 전망을 따라 작성한 '이대로 가면 닥쳐올 미래'는 인구감소라는 '숫자 이야기'가 자신들의 삶에 무엇을 초래하고 불편을 낳을까에 대한 이미지를 손에 쥐어주며 알리는 것이었다. 참가자의 머릿속에 미래의 이미지가 그려질 즈음에 맞춰서 핵심 팀은 인구감소 그래프를 내밀었다.

도치타니, 바바와 함께 인구추정을 한 고토 다이치는 이렇게 설명한다.

> 인구감소를 어느 정도 와닿게 자신의 일이라고 느끼게 하는 것이 논의를 시작하기 위해서 필요했습니다. '이대로 가면 닥쳐올 미래'를 상상한 것이 효과가 있었다고 생각합니다.

아이디어와 의견을 갑작스럽게 요청할 수는 있어도 당장 논의를 하기는 힘들었다. 우선 논의할 수 있는 '머리'를 만들기 위해 강사를 초대해 학습회를 열고 인구감소가 자신의 일이라고 느끼게 하기 위해 닥쳐올 미래를 구체적으로 제시함으로써 가까운 미래에 일어날 것을 상상해보게 한다. 이런 멋진 방식을 만들어낸 것이다.

학교 유지에 필요한 인구 적정 규모

'이대로 가면 닥쳐올 미래'를 바꾸기 위해 무엇을 해야 좋을까. 핵심 팀이 설정한 목표는 매해 어린이를 포함한 44명의 전입자(U턴 포함)를 맞이하는 일이었다. 44명이라는 목표는 가미야마에 있는 2개의 초등학교가 미래에 복식학급●이 되지 않게 유지하는 데 필요한 수다. 매해 44명의 전입자를 받아들이면 2060년 총인구는 아무것도 하지 않은 경우보다 2055명 정도 많은 3200명을 유지할 수 있고 그 후에는 균형 상태가 된다. 그 정도의 전입자를 받아들이면 초등학교뿐만 아니라 생활 인프라도 유지되어 마을의 재정도 어떻게든 돌아간다. '이대로 가면 닥쳐올 미래' 같은 사태는 일어나지 않는다는 것이다.

지방자치단체가 인구 적정 규모를 어떻게 설정하는지에 대해 결정된 산술은 있을 리 없다. 최소한 어느 수준에서 인구감소를 멈추고 싶은가. 목표 인구는 지방자치단체의 어림짐작으로 결정한다. 그러나 가미야마에서는 초등학교 유지를 전제로 목표 인구를 역산했다. 가미야마의 이 방법은 과소화 지역의 모델이 될 것이다. 과소화 지역의 주민에게 학교 유지는 가장 절실한 소망이기 때문이다.

계속 살고 싶다, U턴하고 싶다, 이주하고 싶다고 생각하게 되는 매력 있는 마을이 되려면 무엇을 해야 좋을까. 그것이 전략 수립의 주제가 되었다. 8월에 시작된 전체 회의는 오후 여섯 시에 시작하여 커피타임을 합쳐 오후 아홉 시까지 착실히 세 시간 동안 진행되었다. 핵심 팀이 과제를 연달아 내놓았다.

● 한 교실에서 여러 학년의 학생들이 함께 수업하는 학급을 의미한다.

— 가미야마의 매력은 무엇인가.

— 마을에 부족한 것은 무엇인가.

— 무엇이 있으면 좋은가.

— 어떤 사람을 가미야마에 오게 하고 싶은가.

— 어떤 마을로 만들고 싶은가.

한 사람 한 사람에게 마이크를 주어 30초씩 생각을 말하게 하고 4~5명의 그룹으로 나누어 논의를 하고 마지막에는 종이를 나눠주고 각자의 생각을 공유하게끔 했다. 처음에는 당혹스러워했던 주민들에게서 연이어 아이디어가 나오기 시작했다. 좀처럼 당혹감에서 벗어나지 못한 것은 면사무소 직원들이었다.

창의력 부족을 절감한 면사무소 직원

면사무소 직원 중 한 사람으로 실무 집단의 멤버가 된 교육위원회의 주사 고마가타 료스케(駒形 良介)는 논의 중에 '창의력이 부족한 자신'을 깨달았다고 말한다.

면사무소에서는 주민 의견을 듣고 그것에 대응해 서비스를 제공하는 것이 업무이기 때문에 자신이 무엇을 하고 싶은가, 왜 찾지 못하는가에 대해 생각할 필요도 없고, 회의에서도 직원 입장에서 말하기 때문에 개인의 생각을 이야기하는 경우는 거의 없습니다. 발언을 하지 않으니 점점 생각이 없어지더군요. 그래서 전략 수립 회의에서 자신의 의견을 이야기해보라고 하면 슬그머니 나가 들어오지 않았습니다. 내가 언제부터인가 생각 없는 놈이 되어버린 걸 깨닫고 아연실색했습니다.

그런 분위기는 핵심 팀의 니시무라도 느끼고 있었다.

사무실에 사람이 와도 아무도 고개를 들지 않는 회사가 있지요. 누군가가 말을 건네겠지 하고 모두가 고개를 푹 숙이고 일을 하는 그런 회사 말이죠. 가미야마 면사무소에도 그런 직원이 있었습니다. 일은 잘할 수 있을지 모르지만 호기심과 관심, 감정이 조금 둔할 것 같다고 느꼈지요. 하지만 그가 나쁘다고 말하고 싶지는 않아요. 나중에 알게 된 일이지만, 모든 시군구가 적은 수의 인원으로 많은 일을 처리해야 하는 압력 속에서 왜 이 일이 필요할까, 실제로는 어떻게 해야 좋을까 하는 것을 생각할 여유를 가지지 못하고 그냥 일하고 있는 상태로 보였어요.

가미야마에서는 그린밸리가 아티스트 인 레지던스 등의 기획에 도전하고 이 마을에 가능성을 느낀 이주자가 늘어나고 있다. 변화를 제안하는 그린밸리, 이에 호응하는 이주자 쌍방이 공감하고 있는 것은 이 마을의 호기심과 도전 정신일 것이다. 니시무라에게는 그러한 움직임과 면사무소가 잘 연동하지 않는 것처럼 보였다.

4장 마을의 미래를 자신의 일로 생각하다

민간이 힘차게 나서고 행정 기관이 뒤를 따르는 상태, 저는 기본적으로 이것이 바람직하다고 생각하고 있습니다. 그렇지만 면사무소 직원이 호기심과 관심을 키우는 법을 모르는 채 일만 해나간다면 그린밸리와 또 다른 민간 부문이 아무리 분발해도 행정 기관이 따라오지 못하여 협업이 제대로 되지 못하는 미래밖에 없을 겁니다. 어떻게 해서든 양자를 연결해보고자 젊은 직원을 끌어들여서 주민과 재미있게 어울리도록 해보고 싶다고 생각했습니다.

그래서 실무 집단이라는 '도가니' 속에서 주민들과 섞여서 진지한 논의를 하게 했다. 고마가타는 "우선 면사무소와 주민의 거리감이 줄었다는 느낌이 든다."고 말한다. 워크숍을 통해서 주민과 직원이 무엇을 생각하고 어떤 역할을 할 수 있는지를 제대로 알게 되어 거리가 가까워졌다는 느낌이 들었다는 것이다.

매번 회의는 생각하는 훈련의 장이 되었습니다. 덕분에 이 일이 마을에 어떤 의미가 있을까 생각하게 되었습니다. 앞으로도 이런 느낌을 꼭 기억해두고 싶습니다.

도치타니는 이렇게 말한다.

면사무소 전체가 변했냐고 묻는다면 그건 아직 아닙니다. 실무

집단의 멤버가 된 직원들 가운데서도 그 뒤 전략 수립에서 생겨난
프로젝트에 깊게 관여하고 있는 사람이나 연장 근무를 하며
관여했던 사람도 있지만 별로 관여하지 않은 사람도 있습니다.
이제부터 진가가 나타날 것이라는 게 현재의 상태 아닐까요.

'공사'라는 실행 기관

실무 집단과 핵심 팀이 모이는 전체 회의에서는 매력 있는 마을
을 만들기 위해 어떻게 하면 좋을지 이야기하는 과정에서 여러
가지 과제와 아이디어가 나왔다. 회의의 끝에는 전원에게 아이디
어를 써내게 했다. 핵심 팀은 그 아이디어를 분류하고 생각을 거
듭하여 '멋진 마을 만들기', '교육, 학습', '먹거리', '에너지', '주거',
'연결', '일자리 만들기' 일곱 개의 영역으로 구분하고 그 내용을 9
월 14일에 열린 7차 전체 회의에서 발표했다.

진행을 맡은 니시무라는 회의장에서 호소했다.

각 부문에 공사를 설립하여 사업을 진행한다고 가정하여
자신이 하고 싶은 일, 또는 지원하고 싶은 프로젝트 한 가지를
선택해주십시오. 3인 이상 모이면 팀이 성립되었다고 간주하고
시책 만들기를 심화해봅시다.

전원이 하나의 '주제'에 대해서 의견을 내는 단계를 거쳐 그날

부터 프로젝트별로 나누어진 팀이 개별 시책 만들기에 들어간다.

니시무라의 말에 갑자기 등장한 '공사(公社)'란 무엇일까. 공사란 공공의 목적을 위해서 국가와 지방자치단체의 출자 등으로 설립하는 공공 기업을 의미한다.

핵심 팀은 6월 발족 직후부터 전략을 실현하는 실행 기관을 어떻게 할지 검토하여 공사의 형태로 결론지었다. 아직 전략이 확고하지 못한 단계에서 이미 실행 틀을 구상하기 시작한 것에 절실함이 느껴진다.

어째서 공사일까. 제안을 한 고토 다이치는 "계속해서 민관이 연대하는 틀을 만들고 싶었다."고 말한다. 지방재생 전략에 어떤 시책이 포함된다고 해도 그 실현에는 민과 관의 연대와 협력을 빼놓을 수 없다. 게다가 시간이 오래 걸린다. 지금의 면장이 연대를 이해하고 있다 해도 언젠가 면장은 바뀔지도 모른다.

내 소속에 의존하지 않고 민관 연대 조직을 만들어야 한다는 뜻입니다. 그것도 임의단체는 안 됩니다. 사업은 법인 성격을 가진 단체가 하는 것이 좋다고 보았습니다. 그래서 공사를 제안했습니다.

면사무소 홈페이지의 내용을 살펴봐도 이러한 방식이 적합하다고 도치타니는 말한다.

면사무소는 그 해에만 적용되는 예산주의라는 속박이 있어서
전년 12월에는 계획을 정해 3월 의회에서 승인을 받아야 합니다.
새로운 것을 시작할 때에 민간처럼 임기응변에 대응하는
융통성이 통하지 않습니다. 재원은 보조금으로 보증해나가면서
자율성이 높은 민간이라는 장점도 발휘되는 민과 관의 중간
같은 외부 단체가 필요했습니다.

공무원을 그만두지 않겠습니까

일곱 개 영역의 프로젝트팀으로 나누자고 말한 진행자 니시무라
는 이어서 엄청난 말을 내뱉었다.

혹시 프로젝트팀에서 하고 싶은 일이 보인다면 직원 여러분,
공무원을 그만두지 않겠습니까? 공무원을 그만두고 지역의
미래를 만드는 민간 기업의 사업에 몸을 던지는 겁니다. 이미
전국에는 그런 공무원이 꽤 있습니다.

면사무소가 주재하는 회의 자리에서 직원에게 면사무소 사
직을 권한다는 말은 들어본 적이 없다. 그는 말을 이어갔다.

그만두지 않더라도 프로젝트를 지원하고 싶어서 교육위원회로
옮기고 싶다든지, 본인이 인사이동을 희망한다고 말해보지

않겠습니까? 의지를 갖고 자리를 옮길 기회입니다. 면장님, 혹시 누군가가 희망한다면 고려해주시겠지요?

사전에 상의한 일이 아니었지만 회의장에서 고토 면장이 끄덕이는 것을 본 니시무라는 다음에는 주민에게 호소했다.

일자리를 바꾼다든지 그 단계를 업그레이드할 수 있는 기회가 왔습니다. 인생을 바꾸어보지 않겠습니까?

회의장은 물을 끼얹은 듯 정적에 휩싸였다. 어떻게 받아들여야 좋을까. 다들 당혹스러워했다. 니시무라의 진의는 무엇일까. 실은 전체 회의에 앞서 핵심 팀의 논의에서 1인칭으로 내가 하겠다 하는 사람이 없는 프로젝트는 전략으로 채택할 수 없다고 미리 합의했다. 그런 주장을 한 이는 고토 다이치였다.

제가 여기저기의 지역 만들기 실천에서 배운 것은 프로젝트를 진행할 때 중요한 것이 첫째도 둘째도 모두 그것을 담당하는 손이라는 점입니다. 자신의 일로 생각하고 '이 프로젝트는 제가 하겠습니다'라는 의욕과 힘이 있는 사람이 없으면 정말 좋은 전략을 만들어도 실현되지 않습니다. 계획 단계부터 반드시 담당하는 손을 정했듯이 가미야마에서도 그렇게 해야 합니다.

나는 관여하지 않지만 누군가가 해주지 않을까 하는 태도라면 아이디어가 아무리 모인다 해도 아무것도 실현되지 않는다. 그래서 실천하기 전 단계에서 자신의 일에 대한 추진력과 의미를 한층 더 강하게 할 필요가 있다고 생각했다. 이를 호소한 것이다.

지방재생 종합 전략을 주민과 책정한 지방자치단체는 전국적으로 보면 가미야마만이 아니다. 그러나 주민에게 실행 단계까지 관여해주길 바라고 면 직원에게 면사무소를 그만둘 수도 있는지 묻는 곳은 없었을 것이다. 게다가 3주 후 실제로 그렇게 하겠다는 직원과 주민이 손을 드는 상황이 벌어진 걸 보면 역시 가미야마는 재미있는 마을이다.

자신의 일로 생각하면 일어나는 일

테마별로 팀을 나눈 실무 집단 멤버들은 3주 동안 시책 만들기 협동 작업을 거쳐 10월 5일 전체 회의에서 검토 결과를 발표했다. 그 가운데 몇 개를 소개하겠다.

자녀를 키우는 세대를 중심으로 한 공동주택 개발, 옛집의 리노베이션, 유치원에서 초중고등학교까지 연대한 지역 교육을 실현하는 교육 코디네이터 설치, 면사무소에서 시작한 지역 내 경제순환, 우드칩 바이오매스의 활용을 통한 에너지 자급자족, 지역 영농과 식문화를 진화시키는 농업생산 법인 '푸드허브' 설립,

면사무소를 그만두고서라도 푸드허브에 관여하고 싶다고 선언한 당시 가미야마 산업관광과 주사 시라모모 가오루. 현재는 가미야마 연대공사 직원으로서 푸드허브 프로젝트를 지원하고 있다.

IT 기술을 활용한 조수(鳥獸) 피해 대책⋯⋯.

발표회에서는 시책을 발표한 멤버에게 어떻게 실현을 위해 참여할 것인가도 발제하게 했다. 그때 '먹거리' 팀에 소속되어 있던 당시 산업관광과 주무관 시라모모 가오루(白桃 薰)는 다음과 같이 말해 모두를 놀라게 했다.

가족과 상의하지 않았지만 될 수 있으면 면사무소를 그만두고 개인적으로라도 푸드허브에 참여하고 싶습니다.

놀라운 선언이었다. 푸드허브에 관해서는 6장에서 자세하게 소개하겠지만 이 프로젝트는 현재 가미야마 농업의 미래를 건

프로젝트로 성장해 있다.

또 다른 직원도 "교육위원회로 옮겨 교육 프로젝트에 관여하고 싶다."고 이동을 원했다. 주민들도 전략 실현에 참여하고 싶다는 목소리를 냈다. 회의장에서 "제가 하겠습니다."라는 발언을 들은 오오미나미는 감격으로 가슴이 떨렸다.

마을이 바뀐다고 확신한 것은 그때였지요. 이렇게까지 마을의 일을 내 일로 여기는 사람들이 있다니 놀랐지요. 그 발표회는 잊을 수가 없네요.

면장 고토도 시라모모의 발언에 놀랐다. 안정된 공무원직을 그만두고서라도 다른 일을 하겠다고 말하는 직원이 나오리라고는 예상하지 못했기 때문이다.

그도 처음에는 농업 재생을 위해서 면사무소를 그만두겠다고는 생각을 하지 못했겠지요. 그러다가 실무 집단에 들어가 바뀐 겁니다. 그 말을 믿게 되었지요.

가능성이 있는 곳에 사람이 모인다
실무 집단 회의가 시작하고 5개월 후인 12월 25일 가미야마 지방 재생 전략 보고서 「마을을 미래 세대에 이어주는 프로젝트」가 최종적으로 나왔다.[●] 전략 수립 논의를 거쳐 발표회에서도 총 24편의 프로젝트가 채택되었지만 눈길을 끈 것은 전략 구성의 솜씨였다.

우선, 전략은 이렇게 규정하고 있다. 사람이 다른 곳으로 이주했다가 고향으로 돌아와서 삶을 이어가기로 선택하는 배경에는 그 지역에 '가능성'이 있다는 상황이 있다. 즉 사람은 가능성이 있는 곳에 모인다.

그다음으로 가능성이 있는 마을을 이렇게 분석한다. 사람이 있다, 좋은 집이 있다, 좋은 학교와 교육이 있다, 활기차게 일을 한다, 부와 자원이 유출되지 않는다, 안전성이 있다, 관계가 풍요롭고 열려 있다…….

그런 지역을 만들기 위한 전략은 '주거 만들기', '사람 만들기', '일자리 만들기', '순환구조 만들기' 등 일곱 개의 분야로 나뉜다. 그 아래에는 24편의 프로젝트가 있다.[●●] 구체적인 프로젝트에 대해서는 6장 이후에 자세하게 설명하겠다. 가미야마의 전략이 다른 지방자치단체와 결정적으로 다른 점은 전략 실현을 위한 실행 체계까지 파고든 것이다. 이에 대해서는 다음 장에서 소개한다.

● 보고서의 원래 제목은 「まちを将来世代につなぐプロジェクト」이며 원문은 http://www.town.kamiyama.lg.jp/office/soumu/image/%E3%81%BE%E3%81%A1%E3%82%92%E5%B0%86%E6%9D%A5%E4%B8%96%E4%BB%A3%E3%81%AB%E3%81%A4%E3%81%AA%E3%81%90%E3%83%97%E3%83%AD%E3%82%B8%E3%82%A7%E3%82%AF%E3%83%88v.1.2.pdf 참조.

●● 현재 진행되는 프로젝트별 진행 상황은 https://www.in-kamiyama.jp/tsuna_pro 참조.

최대의 성과는 사람들을 진심으로 대하는 프로세스

지방재생 전략 수립을 회상하며 오오미나미가 이런 이야기를 한 적이 있다.

> 틀은 갖추어졌지만 전략이 실현될지 어떨지는 이제 두고 볼 일입니다. 그래도 추진하는 과정에서 이미 충분한 기초가 있었습니다. 과정이 의미있는 만큼 충분히 시도해볼 만한 가치를 가지고 있다고 생각합니다.

고토 면장에게서도 같은 이야기를 들었다.

> 니시무라 씨와 고토 씨가 촉매제 역할을 해서 화학반응을 일으켰습니다. 사람과 사람을 연결하고 젊은 사람들이 그 반응에 움직이게 해주었습니다. 시책만이 아니라 담당하는 손까지 연계해준 것은 정말로 큰 성과였습니다.

나도 가미야마 지방재생 전략 수립의 궤적을 더듬는 과정에서 그 중요성에 대해서 몇 번이고 생각하게 되었다. 결과를 내놓기 위한 과정이 아니라 착실한 과정이어야 그 실현에도 주체적으로 참여할 수 있다. 니시무라와 고토 다이치 등이 주민과 면사무소 직원들을 이끌어 가는 것을 목표로 한 점은 주민자치의 이념이 실현된 이상향과도 같다고 생각한다.

5장

민관 연대
실행 기관,
가미야마
연대공사

주민과 이주자, 민간과 행정 기관이 하나가 되어 지방재생을 향한 전략을 수립한 가미야마에서는 2016년이 되자 전략을 실현시키기 위한 프로젝트가 일제히 움직이기 시작했다. 이후의 장에서는 그 움직임을 전해줄, 이제까지 나오지 않았던 주민들이 많이 등장한다. 바꿔 말하면 마을 만들기에 관여하는 참여자들이 획기적으로 늘어나 저변이 넓어졌다는 뜻이다. 새로운 단계로 넘어간 마을에서 무슨 일이 일어나고 있는가? 현재 진행형의 가미야마를 살펴보자.

전략을 실현하는 팀 편성

지방재생 전략 수립에서 가장 중시한 것은 '실현 가능한 계획'일 것이다. 그것을 담보하기 위해 전략에서는 두 가지의 장치를 마련해두었다. '가미야마 연대공사(神山つなぐ公社)'● 와 '가미야마 연

● http://www.in-kamiyama.jp/tsunagu

가미야마 연대공사 설립 당시 멤버. 왼쪽부터 대표이사 도치타니 마나부, 오오미나미, 모리야마 마도카, 아카오 소노카, 도모카와 아야코, 야마구치 준이치, 시라모모 가오루, 고토 다이치, 다카다 도모미, 니시무라 요시아키.

대회의'다.

핵심 팀의 논의로 2016년 4월, 면이 1000만 엔을 출자한 일반 사단법인 '가미야마 연대공사'가 설립되었다. 그렇다고 해도 이 공사가 모든 프로젝트의 주체가 되는 것은 아니다. 민간이 중심이 되는 프로젝트에는 면사무소가 중개자가 되어 지원한다.

연대공사는 행정 기관에서 할 수 없는 유연한 발상과 방법으로 필요한 시책을 신속하게 시행하기 위한 민간 조직이다. 한편, 면사무소의 각 과장·과장 보좌로 수평적으로 구성한 연대회의는 연대공사와 격주로 미팅을 갖고 연대·협동하기 위해 만든 행정 조직이다. '연대'에는 미래 세대를 연결하는 목적 이외에 행정 기관과 민간, 면 내부와 면 외부의 지역, 다른 영역이 연대한다는 의미가 들어 있다.

왼쪽부터 가미야마 연대공사 사람 만들기 담당 모리야마, 주거 만들기 담당 다카다, 아카오, 연결 담당 도모카와.

공사의 이사는 면 직원으로서 전략 수립을 담당한 도치타니 마나부, 그린밸리의 오오미나미 신야, 고토 다이치, 니시무라 요시아키, 이 네 명으로 모두 전략 수립의 핵심 팀 멤버였다. 대표이사에는 정년퇴임한 야마구치 준이치(山口 純一)가 취임했다.

공사의 스태프 다섯 명은 독특한 면면을 지녔다. 그 가운데 남성은 면사무소에서 나온 시라모모 가오루뿐이다. 실무 집단의 일원으로 면사무소를 그만두더라도 푸드허브에 관여하고 싶다고 선언하여 주위를 놀라게 한 이다. 농업 담당인 시라모모의 이야기는 다음 장에서 자세하게 소개하겠다. 시라모모 외 네 명은 20~30대의 여성이다. 주거 만들기 담당 아카오 소노카(赤尾 苑香)와 다카다 도모미(高田 友美), '연결' 담당 도모카와 아야코(友川 綾子), 사람 만들기 담당의 모리야마 마도카(森山 円香)다.

가미야마의 건축사에게 온 한 통의 메일

공사의 여성 스태프 중에 유일하게 가미야마에서 나고 자란 아카오 소노카는 1급 건축사다. 집에 건축설계 사무실을 개업했지만 얼마 지나지 않아 휴업하고 공사의 스태프가 되었다. 2015년 말 받은 한 통의 메일이 계기가 되었다. 발신인은 니시무라 요시아키. 마침 지방재생 전략이 결성된 시기였다.

메일에는 가미야마가 2016년 4월부터 공동주택 개발과 민가 보수 프로젝트를 시작하는 것, 근처 마을의 건축가로부터 아카오를 소개 받은 사연이 쓰여 있었다. "우선 한번 만나지 않겠습니까?", "이제까지 해온 일을 찍은 사진이 있다면 가지고 오십시오." 라고 쓰여 있었다. 아카오는 공동주택과 민가 보수의 부분적인 설계를 의뢰받을 것이라고 생각하고 있었다.

만나는 날 그녀를 맞이한 이들은 니시무라와 도치타니 마나부였다. 곧바로 도치타니가 지방재생 전략 이야기를 시작했다. 이대로라면 마을의 인구가 점점 줄어 가미야마가 없어질 수밖에 없다는 점, 그래서 지방재생 전략을 다 함께 만들었다는 점, 그 안에는 이주자와 주민이 입주할 공동주택의 건설과 빈집 보수 프로젝트가 포함되어 있다는 점, 전략을 실현시키기 위해서 내년 봄에 공사를 만드는 것을 설명한 뒤 두 사람은 이렇게 운을 뗐다.

설계 사무실의 일을 계속해가면서 위탁 형태로 공사에서 해도 되고, 사무실을 3년 휴업하고 공사의 스태프로 일해도 됩니다.

어떤 형태로든 함께 일하지 않겠습니까.

언뜻 생각해봐도 공사의 스태프가 된다는 것은 매우 어려운 선택이 아닐까? 일하던 도쿠시마 시내의 설계 사무실에서 독립하여 '건축설계공방'이라는 이름으로 집에 사무실을 개업한 지 7개월밖에 되지 않았다. 드디어 궤도에 올라 '이제부터'라고 할 만한 시기였다.

주민이지만 마을의 일을 모른다

이 난감한 제안을 두고 '받아들일까 말까' 아카오의 마음이 흔들렸다고 하니 사람의 마음은 알다가도 모를 일이었다. 어째서 그녀는 마을 일에 관여하고 싶다고 생각한 것일까. 내 질문에 그녀는 "히로노(広野)에서 나고 자란 탓일지도 모르겠습니다."라고 말했다.

도쿠시마시의 아는 사람에게 "가미야마에 멋스런 이주자 가게가 생겼다고 하네?"라고 들었어도 자세한 내용을 알지 못하고 그냥 듣기만 하던 처지라……. 새로운 움직임은 매스컴을 통해서 귀에 들어오지만 내가 알지도 못하는 사이에 마을이 바뀌어가는 것에 허전함을 느꼈습니다.

아카오가 사는 히로노는 면사무소와 중학교가 있는 마을의 중심부인 진료 지역에서 북서쪽으로 10킬로미터쯤 떨어져 있다. 가까워 보이지만 중간에 험한 산이 있기 때문에 차로 산길을 달려 15분 정도 걸린다. 아쿠이강의 하류에 위치한 히로노는 도쿠시마와 인접해 있고 주민은 면사무소에 볼일이 없으면 상류 지역인 진료까지 갈 일이 없다. 위성사무실과 이주자가 연 가게는 대부분 진료 지역에 집중되어 있다. 그래서 그녀에게는 다른 마을의 이야기 같은 느낌이었던 것이다.

가미야마 주민이면서 가미야마의 일을 아무것도 모른 채 살아왔습니다만 건축사로서는 마을에 관여하는 일을 하는 것이 좋지 않을까. 그렇게 생각하던 중 제안을 받은 것입니다.

그리하여 공사 설립을 기다리지 않고 아카오는 '주거 만들기' 담당으로 2016년 1월부터 참여하기 시작했다.

각양각색의 사람이 무언가를 시작하려는 마을

아카오와 함께 '주거 만들기'를 담당하는 사람은 다카다 도모미다. 그는 가미야마에 오기까지 시가대학 특임교원이었다. 대학생을 사회와 연결하여 취업률을 향상시키는 직업 설계 수업을 담당했다. 원래 시즈오카현 출신인 다카다는 대학 때 1년간 유학한 영국에서 환경 문제에 눈을 떴다. 귀국 후에도 대학원에서 국제 환경협력을 전공하며 아프리카 잠비아 등 개발도상국에 여러 번 방문하여 일하면서 지역의 자원을 활용한 발전 방식이나 지속가능한 커뮤니티를 만드는 일에 흥미를 느꼈다.

대학원 수료 후에는 시가현의 지속가능한 마을 만들기를 실천하는 건설 회사에서 에코빌리지를 만드는 프로젝트에 참여한 뒤 특임교수가 되었다. 교원 계약이 만료된 2016년 1월, 진로를 고민하고 있던 그의 머릿속에는 가미야마의 지인 니시무라 요시아키가 떠올랐다. 바로 그에게 메일을 보내자 3월 하순에 '3일간의 미팅'이라는 이벤트가 가미야마에 있다고 답장을 받았다. 연대공사 등이 주최하는 3일간의 인재 모집 합숙 이벤트였다.

면사무소 직원이 지방재생 전략과 원하는 인재상을 설명했고, 참가자는 가미야마를 알기 위해 마을을 둘러보고 자신이 이곳에서 무엇을 할 수 있는지를 홍보한다. 채용자와 희망자가 허심탄회하게 이야기를 나눈다. 전략 수립에서 보인 과정을 중시하는 태도는 인재 모집에서도 잘 드러난다.

다카다는 이 미팅에 참가한 일을 계기로 공사에 들어갔다. 가미야마의 무엇에 끌렸을까. 그녀는 이렇게 말한다.

오오미나미 씨와 시라모모 씨, 이미 알고 있었던 오니바의
하세가와 씨 등 여러 사람이 무언가를 시작해보려는 마을이구나,
이 마을이라면 이제까지의 경험을 살려서 재미있는 일을 할 수

있지 않을까 생각했던 것 같아요.

이 마을을 통해 일본이 바뀌는 모습을 보고 싶다

민들레 씨가 춤추며 내려앉는 것처럼 '3일간의 미팅'으로 가미야마에 착지한 또 한 사람은 도쿄에서 프리랜서 작가로 일하고 있던 도모카와 아야코다. 도쿄에서 아트 갤러리와 예술문화 시설의 스태프로 근무한 후, 2010년에 작가로 독립해 현대미술을 전공으로 잡지에 기고도 하고 예술 프로젝트 기획 운영에 참여하기도 했다.

예술 관련 일을 하는 과정에서 예술가들은 편견에 잘 휩쓸리지 않고, 비교적 평등한 의식을 가진 사람들이 많다는 것을 알게 되었다. 그런 예술가들이 살기 편하고 좋은 곳이라고 말하는 마을은 나쁜 곳일 리 없다고 생각했다.

그래서 일찍부터 아티스트 인 레지던스를 만들어 예술가들한테 평판이 좋은 가미야마에 관심을 가지고 있었다. 마을을 방문할 절호의 기회라고 생각하여 3일간의 미팅에 참가해보니 현대예술에 대해 위화감 없이 이야기하는 연장자가 많아서 놀랐다.

그린밸리의 이와마루 씨와 모리 씨, 사토 씨 등 그 나이대에 영감(inspiration)이라는 말을 자연스럽게 하는 사람은 도쿄에도 없습니다. 예술에서 마을 만들기가 시작된 곳이었기에 정신이

유연하다고 할까, 대화를 나누면 정말로 즐겁고 기뻤습니다.
미팅에서 들은 지방재생 전략 이야기도 두근거렸고 이 마을에서
일본의 지방이 바뀌는 현실을 보고 싶다고 생각했습니다.

공사에서 '연결' 담당이 된 도모카와는 광고 업무 외에 연대공사와 공동으로 운영하게 된 그린밸리 홈페이지 'in 가미야마'의 편집과 기사의 취재, 주민이 마을을 도는 '버스투어' 등을 담당한다. (9장 참조.)

열정이 높은 아마정에서 배운 미래의 교육

공사 스태프 5명 가운데 마지막은 '사람 만들기' 담당의 모리야마 마도카다. 그는 교육 프로젝트 전반을 담당하고 있다. 오카야마 시 출신으로 규슈대학 법학부에 진학한 그가 교육에 흥미를 가진 계기는 대학 시절 읽은 한 권의 책 때문이었다. 시마네현 아마정 외딴 섬의 현립 고교를 매력적으로 만들어 폐교 직전이었던 이곳의 입학자 수를 V자로 회복시킨 이와모토 하루카가 대학 시절 쓴 『유학 일기』라는 책이다.

이 책은 이와모토가 대학을 1년 휴학하고 아시아·아프리카 20여 개 국에서 NGO와 UN 등의 개발 원조에 종사했던 경험과 생각을 엮은 책이다. 이와모토는 이 책의 인세로 아프가니스탄에 학교를 건립했고, 졸업 후에는 소니에 입사하여 인재 육성에 참

여하면서 자원봉사로 학교와 대학에서 수업을 하고 있었다.

> 이런 사람이 교육자가 되는 것일까. 희망이 있는 일일지도
> 모른다고 생각해 교육에 관심을 가지게 되었습니다.

이와모토가 소니를 그만두고 아마정에 이주하여 섬의 고등학교 재생에 뛰어든 것을 알게 된 모리야마는 아마정에 느닷없이 들어갔다. 2010년 봄이었다. 당시 그는 대학에서 교직 과정을 이수하여 교사가 되는 것을 고민하고 있었다. 마음먹고 할 만한 일을 찾고 있었던 것이다.

일주일 정도 머무르고 규슈에 돌아온 그는 대학을 휴학하고 다시 그해 가을부터 다음해 봄까지 약 반년 동안 아마정에서 지냈다. 아마정 등 섬 지역 세 개 마을의 학생들에게 학습 기회를 주기 위해 설치한 공영 주쿠 '오키쿠니 학습센터' 인턴으로 일했다.

> 열정을 가진 어른들이 많은 마을이었습니다. 학교를 되살리기
> 위해 선두에 선 면장과 면사무소의 직원들, 굴을 특산품으로
> 만들려는 사람들……. 많은 전문가를 만난 경험은 신선했습니다.
> 일류 대학에 가서 대기업에 들어가는 경로에서 벗어난 삶을 사는
> 사람들이 멋있게 보였고 나도 이렇게 살고 싶다고 생각했습니다.
> 교육자가 되지 않아도 교육에 참여하는 길이 있다는 것도 알게
> 되었습니다.

섬에서의 생활을 통해 이런 생각도 했다고 말한다.

작은 섬이었기에 마을 운영 전반이 잘 보였습니다. 저 사람이
오징어를 잡아 오고 저 사람이 가공하는구나 하는 삶의 순환이
보였고 사회는 이렇게 사람들이 손수 만들어 나가는구나
실감했습니다.

아마정에서 인턴을 마치고 대학에 돌아온 그는 졸업 후의 진로를 찾다가 교육 격차를 없애기 위한 NPO인 '일본을 위한 학습(Teach For Japan, TFJ)'에 관심을 가졌다. 어려운 환경에 놓인 아이들이 대부분인 열악한 학교에 교사를 지원하는 청년들에게 연수를 실시하는 활동을 하는 NPO였다. '미국을 위한 학습(Teach For America, TFA)'이라는 미국의 단체를 본받아 설립된 지 얼마 되지 않은 단체였다.

학생들의 의욕을 끌어올려 학력을 높이고 아이들의 미래를 개척한다는 이념에 공감한 모리야마는 이 단체의 도쿄 본사로 가서 담판을 짓고 대학생의 신분으로 이 단체의 규슈 지부를 혼자 설립해낸다. 그의 결단력과 행동력에 놀라지 않을 수 없다.

유학 가서 하고 싶었던 일이 눈앞에 펼쳐지다

대학 졸업 후 2년간 TFJ에서 일한 모리야마는 2015년 여름, 영국으로 유학을 가기 위해 단체를 그만두었다. 그 준비 과정에서 지

역 만들기 컨설팅 업무를 배우려고 후쿠오카에 있는 고토 다이치의 회사 '리전웍스'에 비상근으로 일한 것이 가미야마와의 인연이다. 고토가 참여한 가미야마 지방재생 전략 수립이 막 한고비를 넘고 있을 때였다. 모리야마는 고토의 보조로서 2015년 9월에 처음으로 가미야마에 발을 들였다.

실무 집단의 사람들이 각기 흥미 있는 주제를 구분하여 프로젝트를 내놓는 시기였습니다. 인구감소 등의 과제를 해결해보자며 모두가 앞을 향하고 있었고 그 열기는 굉장했습니다. 게다가 일하는 모습에서 즐거워하는 것이 느껴졌습니다.

가미야마에 계속 다니고는 있었지만 전략 수립 사업이 끝나면 마을과의 관계도 그것으로 끝날 테고 바로 영국 유학을 떠날 예정이었다. 그런데 10월이 되자 핵심 팀 회의의 초점이 전략을 어떻게 실현할 것인가로 옮겨가고 있었다. 민관 연대의 지역공사가 필요하다는 이야기가 나오자 니시무라는 그곳에 있던 모리야마에게 말을 건넸다.

모리야마 씨 같은 사람이 있으면 좋겠는데 함께 일해보지 않을래요?

모리야마는 생각지도 못한 말에 당황하여 고심했다. 영국에 가서 공공정책을 배워 최종적으로 하고 싶은 일이 무엇일까? 자신에게 되물으며 결국 유학을 포기하고 공사에서 3년간 일하는 길을 선택했다.

역사와 문화, 자연을 느낄 수 있는 곳에서 발에 흙을 묻히면서 지역 교육과 청년의 사회 참여에 힘쓰고 싶다고 깨닫게 됐지요. 유학하여 최종적으로 하고 싶었던 일이 갑자기 눈앞에 나타난 것입니다. 다만 공사에서 일해보자고 결정했을 때는 교육 프로젝트를 담당하는 일은 정해져 있지 않았고, 민간과 행정 기관의 힘을 합친 공사라는 조직과 공익성 높은 프로젝트를 만들어가는 일에 관심이 있어서 그렇게 결정했습니다.

가능성을 느끼게 하는 분위기

스태프 소개를 생각보다 길게 했다. 지방재생 전략 수립 이후의 가미야마를 둘러싸고 있는 무엇인가가 시작되려는 분위기를 생생하게 전달하고 싶었기 때문이다.

그들은 말했다.

— 여러 사람들이 무언가를 시작하려는 마을.
— 이 마을에서 일본이 바뀌어가는 현실을 보고 싶다.

— 바꾸어보자며 앞으로 나아가는 그 열기가 굉장했다.

각양각색의 경력을 축적하고 인생을 선택해온 그들에게 가미야마는 이 마을이라면 자신이 하고 싶은 일을 할 수도 있겠다는 가능성을 느끼게 해준다. 그런 긍정적인 분위기가 가미야마에 흐르고 있다. 다음 장에서는 그들이 가세하여 시동을 건 연대공사가 엔진이 되어 진행하는 프로젝트를 소개하겠다.

6장

농업의
미래를 만들다
—
푸드허브 프로젝트

연대공사 스태프가 참여하는 프로젝트 가운데 선두를 달리고 있는 것은 푸드허브 프로젝트다. 2016년 4월 공사 설립과 함께 이미 주력 기관으로서 푸드허브 프로젝트(이하 푸드허브)가 설립되었다. 자본금은 999만 엔, 도쿄에 본사를 두고 가미야마에 위성사무실을 차린 IT 기업 모노사스가 그 가운데 67퍼센트를 출자했고 가미야마면이 30퍼센트, 연대공사가 3퍼센트를 출자하여 민관이 함께 설립한 회사다. 사장은 모노사스의 사장 하야시 다카히로(林 隆宏)가 맡았다. 회사를 설립하고 11개월 후인 2017년 3월 푸드허브가 운영하는 식당 '가마야(かま屋)'와 빵과 식품 잡화를 판매하는 '가마빵&스토어'가 진료 지역의 국도변에 문을 열었다.

'지산지식'을 실천하는 회사

"푸드허브는 단지 식당, 빵집, 직판매장을 운영하는 회사가 아님

니다." 모노사스의 제작부장이자 푸드허브 최고 집행 책임자로
서 현장을 책임지는 지배인 마나베 다이치(真鍋 太一)는 말한다.

> 우리 회사는 한마디로 말하면 '지산지식'을 실천하는 농업
> 회사입니다. 가미야마에서 기른 식재료를 가미야마에서
> 요리하여 제공합니다. 작지만 순환을 만들어 가미야마의 농업을
> 차세대에 물려주기 위해서 만든 회사입니다.

가미야마의 농업을 차세대에 물려주는 회사라는 것은 대체
어떤 뜻일까.

가마야와 가마빵&스토어는 지산지식의 거점이다. 여기에서
사용되는 쌀과 채소 등의 식재료는 휴경지 등을 빌려 운영하는
회사 농원에서 가능한 한 재배하고 있다. 이곳에서 재배하지 않
는 식재료는 지역 농업 그룹 등과 연대하여 조달하며 중산간 지
역의 특징인 소량 다품종 농업을 후원하고 있다. 면내에 화폐를
순환시키는 지역 내 경제순환의 일환이기도 하다.

푸드허브는 농업을 담당할 사람을 육성하는 곳이기도 하다.
가미야마에서 농업을 하고 싶은 사람을 모집하여 2년간의 연수
기간 동안 화학비료를 사용하지 않고 유기농으로 쌀과 채소, 과
일, 허브 등을 기르는 방법을 가르친다. 연수 후에는 면내에서 영
농을 희망하는 사람에게 농지를 주선하는 등 면사무소와 연대
하여 지원한다.

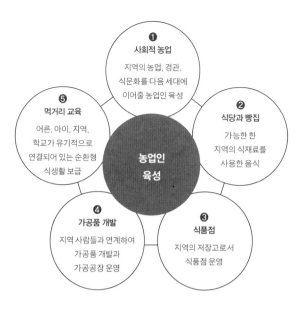

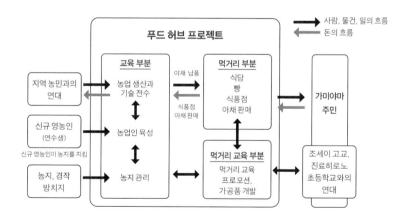

위 | 푸드허브 프로젝트의 5개 주제●
아래 | 푸드허브 프로젝트의 3개 부문과 사랑, 물건, 화폐의 흐름

● 푸드허브 프로젝트의 안내 동영상은 https://www.youtube.com/watch?v=aIrrv7rEoQw&feature=youtu.be 참조.

푸드허브가 힘쓰고 있는 또 하나의 사업의 기둥은 '먹거리 교육'이다. 지역의 초등학교와 모내기부터 피 뽑기, 벼 베기를 함께 하며, 조세이고등학교 가미야마 분교 학생들과 함께 새로운 메뉴를 개발하는 등 음식을 통해서 지역과 학교를 이어주는 역할을 하고 있다.

지산지식, 휴경지 재생, 농업인 육성, 먹거리 교육 등의 사업을 전개하는 푸드허브는 무엇을 목표로 하고 있는 것일까. 마나베는 이렇게 설명한다.

> 가미야마 농업인의 평균 연령은 71세를 넘습니다. 농업인이 부족해 휴경지가 늘어가는 한편 농업 환경의 악화에 따라 조수 피해도 증가하고 있습니다. 이런 상황에 처해 있는 가미야마 농업을 지원하기 위해 만든 조직이 푸드허브입니다. 우리는 활동의 주제를 키우기, 만들기, 먹거리, 물려주기라고 표현합니다.

자신을 행복하게 하는 기준

푸드허브 프로젝트는 면의 지방재생 전략 수립 실무 집단에서 두 사람이 만나지 않았다면 생기지 않았을 것이다. 바로 마나베와 당시 산업관광과 주사였던 시라모모 가오루다.

마나베는 에히메현에서 나고 자랐다. 고등학생 때 교환학생으

기존의 전기 공장을 리모델링한 가마야와 푸드허브 프로젝트의 멤버들. 뒷줄 왼쪽 끝은 지배인 마나베 다이이치, 앞줄의 오른쪽 끝은 농업장인 시라모모 가오루.

로 미국 아이오와주에 일 년 유학한 것을 계기로 아이오와대학을 졸업하고 귀국한 후 시스템 컨설팅 회사와 광고 제작 벤처 기업에서 일한 뒤 2012년 여름 고교 동창생인 하야시가 사장으로 있는 IT 기업 모노사스에 들어갔다.

이 모노사스라는 회사는 직원이 70명 정도로, 마케팅 컨설팅과 웹디자인, 코딩 등이 업무지만 회사의 이름에는 행복해지기 위해 각자가 자신의 '기준(모노사시, ものさし)'을 가진다는 생각이 들어 있다.

그런 이념으로 설립된 모노사스는 본업과 겹치지 않는 한 직원의 개인적인 사회활동을 장려한다. 밴드 활동을 하며 전국 투어를 하고 있는 직원이 있는가 하면 주말에는 갤러리를 운영하고 있는 직원도 있다. 마나베가 전문 분야가 아닌 '먹거리'에 관여하

6장 농업의 미래를 만들다

게 된 것 또한 회사의 분위기가 영향을 주었다.

마나베가 도쿄에서 작은 레스토랑을 운영하고 있는 친구 요리사들과 '노마딕키친(Nomadic Kitchen)'이라는 음식 프로젝트를 시작한 때는 모노사스에 입사한 해였다. 전국 여러 지역을 방문해 지역 식재료를 생산하는 농어촌과 워크숍 형식으로 함께 요리하고 시식 이벤트를 이어갔다. 음식을 통해 생산자와 소비자를 연결하고 생산자를 지원하는 활동이었다.

노마딕키친에는 보다 좋은 환경을 추구하며 여행하는 집단이라는 의미가 있어서 나가노, 나라, 와카야마, 시코쿠, 가고시마 등 여러 곳을 요리사들과 함께 돌았습니다. 일본에는 멋진 식문화가 많이 남아 있다는 것을 실감했고 '먹거리'에는 사람과 사람을 연결하여 지역을 변화시키는 힘이 있다고 생각하게 되었습니다.

음식의 미래를 공유하는 두 사람의 만남

마나베가 도쿄에서 가미야마로 이주한 것은 2014년 3월이었다. 도쿄에 본사가 있는 IT 기업의 경영자 시찰에 참가하여 가미야마를 방문한 모노사스 하야시 사장이 이 지역이 마음에 들어 위성사무실을 내고 싶다고 말을 꺼낸 것이다.

하야시 사장으로부터 위성사무실 이야기를 듣고 함께 가미야마를 방문한 마나베는 위성사무실 설립에 자원했다. 그는 먹거리에 대한 관심이 높아지면서 일상적으로 이와 관련한 프로젝트를 실현할 수 있는 장소를 찾고 있었다. 두 아이들이 여유롭게 성장할 수 있도록 시골 이주를 생각하고 있기도 했다.

가미야마에 이주한 마나베를 지방재생 전략 수립 실무 집단에 끌어들인 사람이 니시무라 요시아키였다. 마나베가 먹거리 프로젝트 아이디어를 가지고 있다는 것을 들었던 것이다. 전략 수립 논의가 진행되고 테마별로 7개 팀으로 나눌 때 마나베는 주저않고 먹거리 팀에 손을 들었다. 그 외 면사무소 직원과 농협 직원 6명이 참가하여 논의가 시작됐다.

— 청년 신규 영농인과 겸업 농가를 늘리고 싶다.
— 지역 농업을 되도록 유기농화하여 지역에서 기른 것을 먹고 싶다.
— 학교 급식을 지역에서 기른 식재료로 하고 싶다.
— 농업인의 고령화에 따른 휴경지를 더 이상 늘리고 싶지 않다.
    (……)

멤버들이 제시한 아이디어 가운데 마나베의 마음에 든 의견이 있었다.

가미야마를 위해서 작은 것과 작은 것을 연결시키고 싶다.

그것은 정말로 마나베가 생각하고 있었던 것이었다. 그 제안은 다른 키맨인 시라모모 가오루의 것이었다. 운명적 만남이었다.

농업의 미래가 보이지 않는다

시라모모는 마을에서 점차 줄어드는 전업농가의 장남으로 태어났다. 아버지 시게(茂)는 자신의 논뿐만 아니라 다른 농가의 논도 위탁받아 벼농사를 지었다. 묘목 사업과 조경도 겸했다.

도쿠시마에서 고등학교를 졸업하고 도쿄농업대학 조경학과에 진학한 시라모모는 졸업하고 고향에 돌아와 면사무소에 취직했고, 30세가 넘어 산업관광과 주사가 되었다. 휴경지와 조수 피해 대책을 담당하여 면의 농업 상황을 알게 되었고 농업의 미래에 위기감이 고조되고 있는 점도 이해하고 있었다. 농가의 평균 연령은 71세. 신규 영농인은 적고 휴경지는 늘어가는데다 조수 피해가 계속되는 상황을 모르는 사람은 없었다.

정부의 농업 정책은 대규모화·집약화로 집중되고 있다. 그렇지만 가미야마 같은 중산간 지역은 경사지가 많고 논과 밭이 좁아서 대형 농기계를 사용할 수 없고 땅을 합쳐서 농지 정리를 하기도 어렵다. 이는 전국의 중산간 지역이 모두 안고 있는 과제다. 대규모화·집약화가 가져올 농업의 미래가 그에게는 보이지 않았다.

그러던 어느 날 아버지가 말했다. "너, 농사지을 마음 있냐."

그 전해에 아버지는 병으로 쓰러졌다. "앞으로는 장기적으로

농사짓기 자체가 어려울 수 있다."는 이야기도 했다. 하겠다고 말한다면 부친이 기뻐할 것이다. 그러나 앞이 보이지 않는 가미야마의 농업 상황을 알고 있어서 쉽게 말을 꺼내지 못했다.

시라모모는 "아직 몰라요."라고 대답했다. 개운치 못한 마음이 남았던 때에 날아든 것이 지방재생 전략 수립의 실무 집단에 참여하자는 제안이었다.

이 마을에 뼈를 묻을 사람이 아니면 필요 없다
처음에 시라모모는 전략 수립을 부정적으로 느꼈다.

> 다시 이주자와 IT 기업 사람들에게만 이익이 되는 일이
> 시작되는 건가. 암울한 기분이었습니다. 그때까지 위성사무실의
> 관계자나 이주자와 인사는 했지만 마음을 터놓고 이야기한 적이
> 없었습니다. 가미야마가 이주 마을로 주목을 받아도 이주자들은
> 어차피 떠날 거라고 차갑게 보았습니다.

그런 기분이 잘 드러난 그의 말이 있다. 전략 수립 회의에서는 마지막에 설문을 던지고 참가자 전원에게 아이디어를 작성하게 했다. '어떤 사람을 가미야마에 오게 하고 싶은가?'라는 질문에 그는 이렇게 적었다.

이 마을에 뼈를 묻을 생각이 없는 사람은 필요 없다.

나는 이 이야기를 들었을 때 이것이 적지 않은 주민의 본심이 아닐까 생각했다. 가미야마에 이주한 사람들은 "이 마을 사람들은 외지인에게 개방적이다."라고 말한다. 당연하지만 주민 모두가 그렇지는 않다. 외지인이 들어오고 매스컴에 화제가 되었다. 원래부터 살고 있던 주민들에게 초점이 맞춰질 리 만무했다. 이주자와 마음을 터놓고 이야기한 적이 없는 주민들에게 자신들이 덩달아 화제가 되는 것이 기분 좋은 일은 아니었을 것이다. 이 점을 핵심 팀 멤버도 잘 알고 있었기 때문에 전략 수립 실무 집단이라는 '도가니'에 주민과 이주자를 섞어 넣었다. 효과는 즉각적이었다.

니시무라와 마나베가 전략 수립 과정에 참여하여 마을의 일을 신중하게 대하는 것이 느껴졌고 이 사람들과 함께 가미야마를 잘되게 하고 싶다고 생각하게 되었습니다.

시라모모가 제안한 '작은 것과 작은 것을 연결하고 싶다'는 것은 어떤 의미였을까.

농지의 대규모화·집약화가 어려운 가미야마 같은 중산간 지역에서는 소량 다품종을 생산하는 농업밖에 할 수 없습니다.

그러나 그것은 시장에 통하지 않습니다. 대량 생산·대량 소비의 유통에서 제외되기 때문입니다. 그렇다면 소량 다품종 작물을 얼굴을 아는 사람에게 유통시켜 부가가치를 낼 수밖에 없습니다. 소량 생산과 소량 소비를 연결하는, 즉 작은 것과 작은 것을 연결하는 길밖에 없다고 생각했습니다.

소량 생산과 소량 소비를 이어주는 허브

마나베도 노마딕 키친을 통해서 소량 생산과 소량 소비를 연결하는 유통 조직이 기능하지 않는다는 것은 알고 있었다. 그 해결의 실마리가 되겠다고 생각한 것이 '푸드허브(Food Hub)'였다. '푸드허브'라는 익숙하지 않은 말은 미국에서 생긴 것으로, 20세기 들어 시작된 대량 생산·대량 유통·대량 소비와는 차별적인 대안적 식재료 공급 시스템이다. 미국 농무성이 권장한 시스템인데, 얼굴을 알 수 있는 지역 생산자와 연대하여 집적·보존·유통·마케팅에 참여하고 소비자를 중개하는 조직을 말한다. '허브'는 원래 네트워크의 중심, 거점을 의미한다.

영어로 된 보고서에서 푸드허브를 알게 된 마나베는 '가미야마판 푸드허브를 만들 수 있을까?'라고 생각했다. 개인이 할 수 있는 규모로 작게 시작할 예정이었다. 하지만 전략 수립 과정에서 작게 시작하려 했던 가미야마 푸드허브는 커지게 되었다. 시라모는 '먹거리' 팀에서 마나베가 푸드허브의 기초적 사고방식을 처음 설명했을 때를 선명하게 기억하고 있었다.

> 같은 생각을 가진 사람이 있다는 것을 알고 깜짝 놀랐습니다.
> 마나베가 이야기한 것이 머릿속에 맴돌며 '이거다' 했습니다.

팀의 논의는 마나베의 푸드허브 제안으로 단숨에 열기를 띠었다. 회의에서 신규 영농인 육성, 지역 식재료를 사용한 식당과 빵집을 만드는 일, 먹거리 교육 등이 추가되어 가미야마판 푸드허브의 원형이 순식간에 생겨났다.

시라모모는 말한다.

> 푸드허브는 가미야마를 위해서 반드시 실현시키지 않으면
> 안 되는 프로젝트라고 생각하게 되었습니다. 나아가
> 가미야마뿐만 아니라 다른 중산간 지역 농업의 모델이 된다고
> 봅니다. 내 손으로 하고 싶어서 "면사무소를 그만두고서라도
> 하겠습니다."라고 발언했습니다. 아버지의 "농사지을 마음이
> 있냐."라는 질문에 대답을 못했던 개운치 않던 감정과 미래의
> 위기감이 충돌했기 때문인지도 모르겠습니다.

마나베는 푸드허브를 사업화하기 위해 분주히 움직였다. 모노사스 본사와 교섭하여 새로운 회사의 자본금 3분의 2를 받아내고 민관 출자 주식회사 '푸드허브 프로젝트'를 설립했다. 면사

무소를 나온 시라모모는 연대공사의 스태프로서 푸드허브에 참여하고 생산 부문을 총괄하는 농업장이 되었다.

　마나베에게는 또 하나 중요한 일이 있었다. 그것은 프로젝트에 필요한 전문가들을 모으는 일이었다.

모여든 전문가들

푸드허브의 거점이 되는 '가마야'●는 진료 국도변에 있다. 하얀색의 철골 건물은 비어 있던 옛 전기 공장을 리모델링했다. 가게 넓이는 약 120제곱미터다. 창을 넓게 내고 가게 중앙에 주방이 있고 47석의 좌석을 배치했다. 요리에는 지역에서 나는 식재료를 풍성하게 사용한다. 아침 식사는 커피와 빵을 제공하고 점심은 다양한 채소류와 고기 또는 생선 중에 골라 담는 뷔페 형식이다. 그후로는 가벼운 선술집 혹은 식사를 할 수 있는 식당이 된다.

　식당은 도쿄에서 이주한 주방장 호소이 게이코(細井 惠子)가 맡고 있다. 카페 운영과 식료품·잡화를 제조·판매하는 딘&델루카(DEAN & DELUCA)를 퇴직한 2015년 9월, 알고 지내던 마나베가 "농업을 지키기 위해서 식당을 설립할지도 모르는데 함께하지 않을래?"라고 권유해왔다. 호소이는 프렌치 레스토랑에서도 일한 적이 있었고 일식, 양식, 중식뿐만 아니라 디저트도 잘 만들었

● http://foodhub.co.jp

가마야 가게에서 사용하는 테이블과 의자, 식판, 젓가락은 가미야마의 삼나무로 만들었다.

다. 그녀는 푸드허브가 가진 가능성을 믿기로 했다.

> 농업을 지키고 자연 경관을 지키기 위해 이런 방법도 있다고
> 보여주면 다음에 이어질 곳이 나올지도 모르죠. 새로운
> 프로젝트를 만들어내는 고통이 있을지라도 전국에 선례가
> 된다면 보람 있는 일이라고 생각했습니다.

메뉴 개발에도 열중하고 있다. 생활 개선 그룹의 손으로 1978년에 출판된 향토요리와 식문화 책 『가미야마의 맛』을 참고해 지역 사람들과 가미야마 전통요리를 만들며 특산물이 될 과자를 만들기도 했다.

> 마을 사람들에게 요리를 배우는 것이 즐거워서 전에는 유자청을

가마야의 주방장, 호소이 게이코(오른쪽), 조세이고등학교 가미야마 분교의 학생들과 지역 식재료를 사용한 도시락을 개발하는 먹거리 프로젝트.

사용한 '이노코 초밥'이라는 향토요리를 함께 만들었습니다. 지역의 식문화를 계승하는 일도 우리의 역할이라고 생각합니다.

푸드허브다운 자급율

영양사 아사바 아키코(浅羽 暁子)는 가미야마에 오기 전에 외국계 IT 기업 사원식당에서 일했다. 7년간 근무한 회사를 그만두고 쉬고 있던 중 알고 지내던 마나베로부터 푸드허브 이야기를 듣고 2016년 7월에 가미야마에 이주했다.

그녀는 가마야에서 식재료 조달을 담당한다. 쌀과 채소는 푸드허브 농업 팀이 농원에서 농약과 화학비료를 사용하지 않고 재배한 것을 사용한다. 그러나 그것만으로는 모든 식재료를 공급

6장 농업의 미래를 만든다

가미야마에서 식재료 조달을 담당하는
아사바 아키코.

할 수 없었다. 부족한 식재료는 가까운 곳부터 수소문해서 구했다. 우선 면내에 유기농업을 실천하고 있는 농가에서 조달하고, 그래도 안 되면 도쿠시마현 내에서 준비했다. 가미야마에 이주한 아사바는 마을 농가를 방문하며 관계를 만들기 시작했다. 그중 한 사람이 '산골마을회' 대표 가미치 고이치(上地 公一)다. 산골마을회는 무농약, 무화학 비료로 채소를 기르는 농가 그룹으로 회원 농가 10명이 푸드허브가 면내에서 조달하는 채소의 대부분을 제공하고 있다.

대표인 가미치의 집에는 매일 푸드허브로부터 팩스로 1~2장의 주문서가 온다. 감자 10킬로그램, 당근 3킬로그램 등의 주문서를 보면서 회원들에게 휴대전화로 연락하여 납품 수량을 분배한다. 가미치도 양배추와 감자, 토마토, 호박 등 스무 종류 이상의 채소를 납품한다. 그의 생활은 가마야의 개업으로 완전히 바뀌었다. 매일 새벽 네 시 반에 일어나 다섯 시에는 밭으로 나가 열 시까지 채소를 가마야에 보낸다. 아침에 수확한 신선한 채소를 먹게 하고 싶기 때문이다.

가마야의 요리. 직접 기르거나 면내 생산자로부터 공급받은 식재료로 음식을 만드는 '지산지식'을 목표로 한다.

회원 모두가 푸드허브에 감사하고 있어요. 휴경지를 활용해 밭을 만들고 농업인을 육성하면서 버려져가는 산간지 농업을 지키려는 것도 알고 있습니다. 도와줄 일이 있으면 뭐든지 하자고 동료들과 이야기하고 있어요.

산골마을회 회원은 발족부터 쭉 10여 명이었지만 이주한 신규 영농인이 가입하여 인원이 늘어날 예정이다.

이제까지 농업의 미래를 포기하려 했던 농가의 동료도 할 수 있는 일이라면 해볼까 생각하는 분위기가 형성되었습니다.

가미치는 그렇게 말하며 그을린 얼굴을 자랑스러워했다.

아사바의 또 다른 일은 '자급율'을 계산하는 것이다. '지산지식'을 내건 이상 가마야에서 사용하는 식재료 가운데 면에서 생산한 품목 수의 비율을 매주 산출하고 메뉴와 함께 홈페이지에 공개한다.

60퍼센트인가, 70퍼센트인가, 계절에 따라 자급율이 다릅니다. 앞으로는 식재료 정보를 좀 더 자세하게 제공하고 싶습니다.

사람과 사람을 이어주는 먹거리 교육

가나가와현 초등학교에서 교사로 일했던 히구치 아스카(樋口 明日香)는 유기농 재료로 요리를 만드는 요리 교실을 다니던 중 먹거리와 관련된 일이 하고 싶어서 2016년 4월에 학교를 퇴직했다. 그러고 나서 고향 도쿠시마에서 일을 찾다가 푸드허브 활동을 알게 되었다. 히구치는 교사의 경험을 살려 먹거리 교육을 담당하고 있다. 농업장을 맡고 있는 시라모모, 지배인 마나베와 함께 다양한 먹거리 교육을 기획하고 프로모션 하는 역할이다.

조세이고등학교 가미야마 분교 학생 여덟 명이 만든 '도시락 프로젝트'에서는 학교 문화제에서 판매하기 위해 면에서 생산된 농산물을 사용한 도시락을 호소이, 아사바와 함께 개발했다. 궁리를 거듭해 만든 '호쿠코로 도시락'은 판매 시작 한 시간 만에 500개가 팔렸다.

푸드허브 프로젝트에서 먹거리 교육을 담당하는 히구치 아스카(오른쪽).

진료초등학교의 통합수업에서 진행한 '콩의 모습 대변신'에서는 두부 만들기 장인을 초대해서 가미야마에서 생산한 콩을 갈아서 간수를 넣어 굳혀 만드는 과정을 학생들이 체험했다. 그 외에 유치원 원생들과 채소 키우기, 히로노초등학교 학생들과 벼농사 짓기, 가미야마중학교 학생들과 장 만들기 등의 체험을 진행하고 있다. 농업 체험과 먹거리 교육을 통해서 아이들이 지산지식에 대해서 생각하는 계기를 만들고 아이들이 바뀌어간다고 히구치는 믿고 있다.

먹거리 교육의 대상은 아이들만이 아니다. 농업과 먹거리와 연관된 사람들을 위한 안내로써 부정기적으로 진행하는 '지산지식 학교'는 성인을 대상으로 한다. 농가 주민으로부터 전통적인 여름 보존식품 만들기를 배우기도 하고 '가마빵' 장인으로부터 계절채소를 사용한 빵 만들기를 배우는 등이다. 이 학교는 지금

6장 농업의 미래를 만들다

먹거리 교육에 힘을 불어넣는 푸드허브 프로젝트에서는 아이들과 함께 벼농사를 짓는다.

외지에서도 앞다투어 참여하는 인기를 누리고 있다.

푸드허브의 먹거리 교육은 주부만이 아니라 유치원 원생부터 초중고교생, 그 밖의 지역 주민까지 광범위한 사람들을 끌어들이고 있다. 다 함께 땀을 흘리고 손을 움직여 농업과 먹거리와 살아가는 방식에 대해 생각한다. 먹거리는 사람과 사람을 연결하고 지역을 바꾸는 힘이 있다. 푸드허브는 그 힘을 최대한 끌어내어 활용하는 프로젝트다.

농업의 미래가 보인다

마나베와 시라모모 두 사람이 설립한 푸드허브는 이제 그 멤버가 20명을 넘어서고 있다. 그중에 10명 이상이 도쿠시마현 바깥에서 이주한 사람이다. '가마빵'에서 제조 책임을 맡고 있는 사사가와 다이스케(笹川 大輔)도 2017년 1월, 아내와 두 아이와 함께 네 식구가 도쿄에서 이주했다. 부친이 제빵 장인이었던 그는 열여덟 살부터 일을 시작해서 하치오지시에서 인기를 끈 '부루부루 브랑제리'에서 유럽의 전통적인 빵을 굽고 있었다. 슬슬 독립을 생각하고 있을 때 푸드허브에서 제빵 장인을 구한다고 하는 공고를 보았다.

> 독립을 한다면 빵집만이 아니라 뭔가 더 할 수 없을까 생각하고 있었습니다. 푸드허브의 경우 농업 관련 일이지만 재미있을 것 같다고 생각했습니다. 시골 생활을 해보자고 가미야마에 온 것이 아니라 좋아하는 일을 하고 싶어서 찾고 있던 중 우연히 그걸 가미야마에서 발견한 겁니다. 원래부터 벌레를 싫어해서 시골 생활 따윈 생각도 하지 않았습니다.

사사가와는 웃으면서 이렇게 말한다. 좋아하는 일, 하고 싶은 일이 있으니까 이 마을에 온 것이다. 농업과 먹거리를 통해서 지역을 바꾸는 푸드허브 프로젝트는 이 일을 하고 싶다는 도시의 청년들을 불러들이는 구심력을 가지고 있다.

마지막으로, 푸드허브를 세상에 내놓은 두 명에게 현재 상태를 어떻게 생각하고 있는지 물었다. 연대공사 스태프로서 푸드허브를 담당하는 시라모모는 '재배' 부문을 총괄하는 농업장을 해가면서 면사무소와 농협, 주민 등과 교섭하는 일을 중개하고, 각

가마빵에서 자가 배양 발효종을 사용한 빵을 만드는 시오미 사토시(아래 왼쪽)와 사사가와 다이스케(아래 오른쪽). 가게에서는 빵 외에 과자, 조미료, 가공품 등도 판매한다.

양각색의 전문가들을 지원하는 역할을 수행하고 있다.

회사가 만들어지기 직전에 푸드허브와 연대공사의 멤버로 미국 캘리포니아에 시찰을 갔습니다. 그때 인상적이었던 것은 지역 커뮤니티가 농가를 지원하는 방식이었습니다. 안전하고 안심할 수 있는 먹거리가 필요하기 때문에 소비자가 선불로 농가를 지원합니다. 그것을 본받아서 소비자가 가미야마의 농가를 지원하는 방식을 푸드허브가 만들 수 있을지 모색 중입니다.

아직 시작한 지 얼마 안 되었고 해야 하는 일이 많습니다만,
희미하게나마 미래 농업의 그림이 보이는 듯한 느낌도 듭니다.
저에게는 아들이 둘 있는데, 앞으로 아들이 농업을 이어가겠다고
한다면 "그래, 함께 해보자."라고 말할 수 있는 상황은
만들어지지 않았나 생각합니다.

이번에는 마나베에게 이야기를 듣기 위해 영업 중인 가마야
에 갔다. 그는 의자에 앉아 흐뭇한 얼굴로 이야기를 시작했다.

이 테이블도 의자도 가미야마의 삼나무를 사용해서
만들었습니다. 음식을 나르는 쟁반도 젓가락도 마찬가집니다.
지역에서 경제를 순환시키는 일은 푸드허브의 제1의 목표이기도
합니다.

요리를 담는 오오타니야키(大谷燒)* 접시도 가미야마의 왕겨
재를 유약으로 구워 만든 특수 주문품이라고 한다. 식재료만이
아니라 될 수 있으면 가미야마에서 난 것을 사용하려는 신념은
철저하게 지켜지고 있다.

문을 열기 전까지는 정말로 사람이 올까 걱정했지만 훌륭한

● 오오타니 지역 도자기 명칭.

멤버가 모인 덕분에 그럭저럭 시작되었습니다. 산골마을회 농가분들, 생활 개선 그룹의 어머니들, 조세이고등학교 가미야마 분교의 학생들과 선생님들, 면사무소의 직원들, 푸드허브에는 마을 여러 사람의 마음이 담겨 있습니다. 열심히 할 수밖에 없습니다.

마나베는 테이블 위에 손을 모으고 내 눈을 바라보며 말을 이어갔다.

저런 일도 할 수 있지 않을까 하는 일이 늘어갔습니다. 푸드허브가 있으니까 가미야마에 이주했다는 말을 들을 수 있게 키워가고 싶고, 중산간 지역 농업의 미래가 걸린 일이라고 생각해서 하는 것입니다. 가미야마만 잘되었으면 좋겠다는 마음은 없습니다. 다른 지역에서도 이렇게 하고 싶다는 움직임이 있으면 꼭 함께 하고 싶습니다.

점심 먹으러 온 손님이 "마나베 씨", "어이, 지배인" 하고 친근하게 말을 건넨다. 그는 웃는 얼굴로 손님을 응대하고 취재는 중단되었다. 말을 거는 사람들 중에는 주민이 있는가 하면 위성사무실에서 일하는 이주자도 있고, 남녀노소 각양각색이었다. 그가 가미야마의 일상에 녹아들어 결코 없어서는 안 되는 존재가 된 것이 느껴졌다.

전국의 휴경지 면적은 2015년 농림수산성 조사에 따르면 도쿄 면적의 두 배에 달한다. 약 42만 3000헥타르 규모다. 1990년부터 25년 동안 대부분 지역에서 증가했다. 그중에서도 증가 폭이 제일 큰 곳이 중산간 지역이다. 위기에 처한 지역 농업을 재생시킬지도 모를 위대한 도전이 이 작은 마을에서 시작되고 있다.

6장 농업의 미래를 만들다

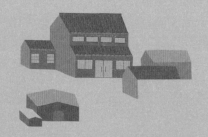

7장

임업과 건설업의
미래를 만들다

—

오노지 공동주택
프로젝트

지방재생 전략을 세우는 과정에서 생겨나 신명나게 진행되고 있는 프로젝트가 있다. 진료 오노지 지구에 건설하고 있는 '오노지 공동주택'이다. 이 프로젝트는 단지 주택을 건설하는 것만 목적이 아니다. 이런 일을 한다면 마을이 건강해지지 않을까 하는 주민의 소망과 아이디어가 채택되어 시작된 주거 만들기 프로젝트가 그대로 '마을 만들기'로 확장되었다.

최우선 과제는 주거 만들기

2016년 봄 이후, 공동주택 건설과 민가 개조를 합친 '주거' 프로젝트를 최우선 과제로 면사무소와 연대공사에서 총 네 명이 팀을 꾸려 진행하고 있다. 면사무소 쪽에서는 전략 수립 과정에서 핵심 팀의 일원이었던 바바 다쓰로와 실무 집단의 멤버 기타야마 다카노리(北山 敬典) 콤비, 연대공사에서는 아카오 소노카와 다카다 도모미가 담당하고 있다.

어째서 주택 건설이 최우선 과제일까.

가미야마의 지방재생 전략은 2060년 시점에 3000명을 밑돌지 않는 인구규모(현재 5300명)를 유지하여 두 개의 초등학교가 복식학급이 되지 않게 하는 아동 수를 확보하기 위해서 매해 아이들을 포함해 44명의 이주자를 받아들이는 목표를 내걸었다. "그 최대 장벽이 주택 부족이었습니다."라고 바바는 말한다.

마을로의 이주를 원하는 사람들은 많지만 압도적으로 임대주택이 부족해서 받아들이기 어려웠습니다. 이주자를 받아들이려면 주거지 만들기가 최우선 과제가 될 수밖에 없습니다.

전국의 과소화 시골은 모두 마찬가지겠지만 임대주택이 많지 않다. 도시처럼 많은 인구의 순환을 전제로 하지 않기 때문이다. 원래 임대주택이 부족한데다 이주 희망자가 많은 가미야마의 경우 빌려주는 빈집은 이미 바닥난 상태였다.

아이들을 키우는 커뮤니티의 재생

이주자를 늘리는 것이 목적이라면 이주자용 주택을 건설하면 그만이지만, 오노지 공동주택은 이주자뿐 아니라 마을 주민, 외지에 나갔다가 돌아오는 U턴 전입자도 입주 대상이다.

가미야마에서는 원래부터 청년의 정착을 활성화할 수 있는 주택 건설을 검토하고 있었습니다. 그렇지만 주택 부족은 이주자만의 문제가 아닙니다. 면내 거주자가 결혼하여 분가하고 싶어도 집이 없어서 마을을 나가는 사례도 있습니다. 주택 부족은 전입에 지장을 주는 것만이 아니라 전출 요인도 되는 것입니다. 그래서 전략 수립 과정에서 입주 대상과 주택 수를 수정했습니다.

과소화 지역이라는 사정도 있다고 바바는 말한다.

제가 어렸을 때에는 같은 나이대의 아이들이 근처에 있어 함께 밖에서 놀기도 하고 마을 사람들이 돌봐주기도 했습니다. 그렇지만 지금은 사람 수가 줄고 마을에 집이 몇 채 없어서 놀아줄 친구 없이 집에서 게임만 하는 어린이가 많습니다. 부모도 육아 상담이나 도움을 청할 상대가 근처에 없습니다. 아이들을 키우는 커뮤니티를 만드는 것도 공동주택의 목적입니다.

계획에 따르면 한 동(棟)에 2~3가구가 입주하는 목조 저층 주택 8동(20가구)을 2017년도부터 3~4년에 걸쳐 짓는다. 그중 18가구는 아이를 키우는 세대와 부부를 대상으로 하며 고령의 부모 등 친족의 동거도 인정한다. 일부는 장애인을 대상으로 하고 남은 2가구는 독신자들이 공유 거주를 할 수 있는 주택이다.

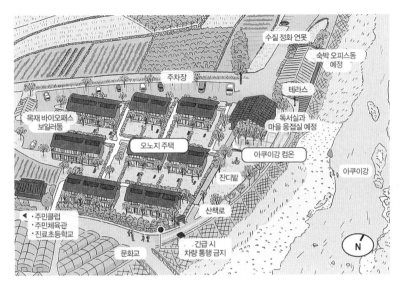

오노지 공동주택 완성 예상도.

바바의 이야기를 들으면서 나는 생각했다. 도시에 사는 사람은 시골에서는 아이들을 여유롭게 키울 수 있다고 생각하기 쉽다. 그러나 과소화가 지나치게 진행되면 지역 커뮤니티는 그 기능을 잃어버린다. 오노지의 공동주택 만들기는 과소화하는 마을에서 아이 키우기에 알맞은 커뮤니티를 재생하는 시험대이기도 하다.

공용 공간 '아쿠이강 컴온'
오노지 공동주택은 입주자만의 폐쇄된 커뮤니티가 아니라 마을

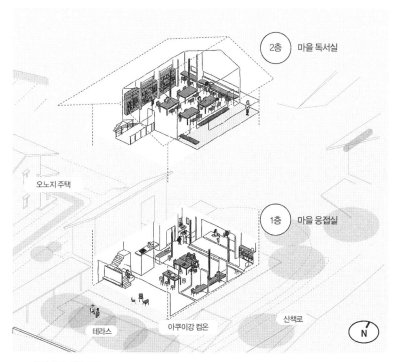

2층 마을 독서실

오노지 주택

1층 마을 응접실

테라스　　아쿠이강 컴온　　산책로

N

아쿠이강 컴온 도면.

사람들과 교류 거점으로도 구상했다. 그렇게 사람을 맞이하는 공간으로 계획된 곳이 '아쿠이강 컴온(Come-On)'이라는 공용 공간이다. 문화 시설과 녹지 공간, 산책로 등으로 구성된다.

　　그 배경에는 도서관이나 어린이집 등 문화 시설이 부족하기 때문에 아이를 키우는 부모가 가볍게 들릴 수 있는 장소가 없다는 주민의 불만이 있었다. 전략 수립 초기부터 입주자 이외의 주민도 모일 수 있는 공용 공간을 같이 만들어주길 바란다는 목소리도 나왔다. 맑은 아쿠이강이 흐르는 강기슭에 산책로가 없어서 강변에 짓는 공동주택에 녹지와 산책로도 조성하기로 했다.

문화 시설은 주택동과는 별개로 2층짜리 한 동을 건설하여 1층은 '마을 응접실', 2층은 '마을 독서실'로 이용한다. 응접실은 남녀노소 누구나 자유롭게 사용할 수 있는 지역 '툇마루'를 목표로 한다. 방과 후와 휴일에는 초중고 학생과 미취학 아동, 그 부모가 안심하고 모이는 장소가 될 것이다. 그룹 미팅, 배움의 장, 주방을 사용한 식사 모임을 할 수 있는 개방된 장소다.

독서실은 1000권 이상의 책을 구비하고, 조용한 환경에서 독서와 자습, 일에 집중 할 수 있는 공간을 목표로 한다. 요즈음 도시의 패스트푸드 가게에도 교과서와 참고서를 가지고 와서 공부하는 중고생의 모습이 많이 보인다. 학교도 집도 아닌 제3의 공간, 그런 공용 공간을 가미야마에 만들려고 하는 것이다.

함께 만드는 신중한 과정

새롭게 건설하는 주택에 공용 공간을 짓는 계획 자체는 특별히 신기한 것이 아니다. 눈길을 끄는 것은 구체적으로 어떤 시설을 만들까를 담는 과정에서 드러나는 신중함이다. 공동주택 만들기를 계기로 앞으로 가미야마의 주거와 삶의 공간으로서 연대공사가 시작한 것은 '아쿠이강 주거 주쿠(塾)'다. 다카다 도모미가 코디네이터를 맡아 2016년 8월부터 2017년 11월까지 9회 교육을 진행했다. 설계에 관여하는 전문가에게 계획에 대한 설명을 듣기도 하고 공동주택에 사용할 삼나무가 자라는 숲을 견학하는 필드워크(field work)를 하기도 했다. 주민뿐만 아니라 외지에서 행정 기관 직원과 건설 관계자 등 20~50명이 참가한다고 해서 놀랐다.

그 외에도 가미야마중학교 학생들에게 시설에 대한 설문조사를 하고 의견이 있는 주민을 모집해서 3~10명의 소모임을 열어 폭넓게 주민의 목소리를 들었다.

— 자습실이 있으면 이용하고 싶다.
— 아이들이 초등학교에 있는 사이에 미취학 자녀를 데리고 와서 여유롭게 책을 읽을 수 있는 장소가 있으면 좋겠다.
— 영화를 볼 수 있고 함께 식사할 수 있는 장소가 있으면 좋겠다.

주민의 목소리를 바탕으로 '마을 응접실'과 '마을 독서실'이 탄생했다고 다카다는 말한다.

함부로 계획을 진행하는 것이 아니라 주민과 이주자가 함께 만들어가고 싶습니다. '이런 장소가 되면 좋겠네'라고 하는 마음을 받아들여 이미지를 설계 팀에 전달하고 도면에 포함되게 했습니다. 그런 일을 거듭해왔어요.

이 정도로 신중하게 주민의 목소리를 듣고 그것을 바탕으로 만든 공공시설을 나는 들어본 적이 없다. 다카다는 시설이 생긴 후의 운영을 고심하고 있다.

마을 응접실에서 학습회를 열어 외지인을 초대하는 것도 좋지만 지역 주민이 선생님이 되어 무언가 가르치는 모임이 많이 생기면 좋겠어요. 독서실은 아이부터 어른까지 누구라도 책과 만날 수 있는 장소로 만들어가고 싶습니다.

입주자만이 아니라 마을 사람이 자유롭게 드나들고 이야기와 휴식, 공부, 독서를 하며 모이는 마을의 휴식처는 2020년에 문을 열 예정이다.

지역의 나무로 지역 사람들이 만들다

푸드허브가 '지산지식'을 실천하여 농업을 진흥하고 지역에 돈을 돌게 하는 경제순환을 만들고 있는 것처럼 공동주택 만들기 프로젝트에도 같은 목적이 있다. 그중 하나가 주택과 문화 시설을 전부 가미야마의 산에서 벌목한 삼나무를 사용하여 가미야마의 목수가 만드는 것이다. 가미야마 임업을 진흥하고 일자리를 만들어 지역에 돈을 순환시키는 것이다.

그 배경에는 예전에 '나무 마을'이라고 불릴 정도로 마을의

관리되지 않은 상태의 가미야마 숲.

주요 산업이었던 임업을 활성화한다는 바람이 있다. 가미야마의 83퍼센트가 삼림이며 삼나무와 편백나무가 약 1만 헥타르나 심어져 있다. 그럼에도 불구하고 값싼 외국 목재에 눌려 벌목을 하지 않은 채 방치되었고, 관리되지 못한 산은 황폐해졌다.

지역의 목재로 공동주택을 만드는 방침을 정했으나 실제로는 쉬운 일이 아니었다. 임업 진흥을 위해서 다소 비용이 비싸게 들 것을 각오하고 면사무소가 지역의 목재를 조달하려 해도 쓸 수 있는 수량을 한꺼번에 조달하기는 불가능했다. 임업의 침체가 길게 이어진 사이에 임업 종사자가 극감했고 제재소도 줄었다. 자원을 공급할 능력을 잃어버리고 만 것이다.

작업자의 시공 능력도 문제가 있었다. 지역의 업자에게 발주를 하려고 해도 가미야마에는 큰 인력 회사가 없었다. 의욕 있는 작은 회사에 발주하려고 했지만 주택과 문화 시설을 1~2년 내에 건설하기란 어떻게 생각해도 비현실적이었다.

어떻게 하면 이런 문제를 해결할 수 있을까? 결국 다다른 해결책은 일제히 짓는 것이 아니라 천천히 3~4년간에 걸쳐 시간을 들여 조금씩 짓는 것이었다.

공동주택을 3년에서 4년에 걸쳐 조금씩 발주하고 시공하는 것은 지역산 목재의 조달과 시공 능력 문제를 해결하기 위한 것만이 아니다. 기타야마 다카노리는 건전한 커뮤니티 만들기를 위한 것이기도 하다고 말한다.

공동주택을 짓는 오노지는 약 30가구가 사는 마을이다. 거기에 갑자기 20가구의 주택이 생겨 80명이 넘는 사람이 한꺼번에 입주한다면 마을에서 이를 받아들이기가 어렵다. 입주자도 공동주택만으로 많은 커뮤니티가 생기므로 다른 주민과 접촉할 필요성을 느끼지 못할 수도 있다. 그렇게 되면 같은 지역에 살지만 주민과 공동주택 입주자가 서로 융화하지 못한 채 각각의 커뮤니티 안에서만 안주하는 상황이 나타날 것이다.

천천히 수년에 걸쳐 짓고 조금씩 이주해 오는 사람들을 지역이 받아들이게 하고 싶습니다.

지역의 나무 인증 제도를 만들다

공동주택을 마을의 나무로 만드는 방침은 정해졌다. 그러나 가미야마산 목재인 것을 증명하는 수단이 없으면 면사무소가 발주할 수 없으므로, 면사무소는 2016년 9월에 '가미야마산 나무 인증 제도'를 만들었다. 도도부현에서는 흔한 일이지만 시군구 단위로는 전국에서 희귀한 일이었다.

면에서 상담을 받아 이 제도의 설계를 담당한 이는 가미야마 임업활성화협회의 다카하시 고지(高橋 幸次)였다. 도쿠시마현의 직원으로 임산업을 거쳐 2015년부터 고향의 임업활성화협회 직원이 되었다.

다카하시가 어렸을 때인 1960년대 후반에서 1970년대 전반의 가미야마는 문자 그대로 '나무 마을'이었다. 목재를 실은 트럭이 드나들고, 다카하시가 다니던 초등학교 옆에도 제재소가 있어 많은 사람이 일하는 활기찬 곳이었다.

2차 오일쇼크(1979년) 즈음 목재 가격이 정점이었고 1990년대 버블경제 붕괴 이전까지는 임업도 할 만했지만 그 후에는 불이 꺼진 것처럼 사그라들었습니다. 면의 제재소도 절반 이상 줄어들었습니다.

왜 마을의 나무를 쓸 수 없을까. 다카하시는 이렇게 말했다.

지금 가미야마에서 집을 짓는 사람은 지역의 목수가 아니라 대부분 도쿠시마현의 인력 회사나 대기업 시공사에 의뢰합니다.

그러면 가미야마의 나무를 가지고 오지 않아요. 이렇게 산에
둘러싸여 삼나무와 편백나무가 약 1만 헥타르가 심어져
있는데도 마을의 나무를 써서 집을 짓지 않아요.

손이 닿을 듯 가까운 뒷산에 나무가 엄청 많은데도 일부러
먼 외국에서 가져온 목재를 사용한다. 보다 싼 목재를 원하는 경
제적 합리성이 그런 결과를 만들어낸다. 이는 결코 가미야마만
의 이야기가 아니다. 어떻게든 지역산 목재를 활용하고 싶다고 생
각한 면과 연대공사가 인증 제도의 시행을 다카하시에게 의뢰했
다. 다카하시는 도쿠시마현의 목재 인증 제도를 참고하여 벌목업
자, 삼림조합, 제재소 등의 도움을 받아 독자적인 인증 제도를 만
들었다. 가미야마산 목재를 브랜드화하고 목재가 어느 곳의 산에
서 벌목되었는지를 확인할 수 있는 산지 이력제를 실시했다.
그는 말한다.

산지 인증 제도를 만들어도 가미야마의 입업 상황이 바로
바뀐다고는 생각하지 않습니다. 그러나 목재의 활용이 이어지면
방치되어 황폐해진 산을 관리할 수 있습니다. 그렇게 하면 산이
복원력을 회복하여 아쿠이강에 흘러드는 지하수가 늘어날지도
모릅니다. 이를 계기로 상황이 나아지기를 바랍니다.

짜맞춤 목공기술을 계승하다

지역의 목수에게 공동주택을 짓게 하는 것은 가미야마에 일자리를 만들기 위한 것이기도 하지만 그것만이 목적은 아니라고 아카오 소노카는 말한다.

이대로라면 지역에 전해져온 기술이 계승되지 않습니다. 그것을 어떻게든 막아보고 싶다는 생각도 있습니다. 최근의 목조주택은 목재를 쌓아 조립하는 것처럼 순식간에 짓지요. 그걸 '조립식 공법'이라고 하는데 공장에서 사전에 기계로 재단하여 접합 구멍을 뚫어 가공한 목재를 사용하기 때문입니다. 그것 말고 현장에서 목수가 가공하는 것을 '짜맞춤'이라고 하는데, 옛날에는 전부 이 기술로 집을 지었습니다. 하지만 공장 생산형을 시작으로 지금은 조립식이 주류고, 젊은 목수들은 짜맞춤을 습득할 기회가 없어서 할 수 있는 사람도 줄어들고 있습니다. 조립식과 짜맞춤 가운데 어느 쪽이 좋다는 말이 아니고 둘 다 할 수 있는 목수가 지역에 있었으면 하는 겁니다.

1급 건축사인 아카오는 설계 사무소를 만들었을 때부터 짜맞춤이 가능한 지역의 목수와 함께 일하고 싶다고 생각했다. 왜 짜맞춤에 집착하는 것일까.

현장에서 목수가 어느 정도 벌목을 해야 좋을까, 어떻게 지으면 좋을까, 나무를 마주보고 생각하면서 만들어가는 짜맞춤 공법에는 목수의 마음이 들어가 있습니다. 목수 자신이 보람과 즐거움을 느끼는 것이 전해집니다. 짜맞춤 공법 자체가 가능할 수 있다는 희망을 이어주고, 그 기술을 다음 세대의 목수에게 이어주고 싶습니다.

임업-제재-목수, 일련의 흐름을 바꾸다

가미야마의 나무를 사용하여 가미야마의 목수에게 집을 짓게 하는 일을 통해서 또 하나 목표로 하는 일이 있다고 아카오는 말한다. 예전에 산에서 벌목해서 제재소에서 재단한 나무를 사용해 지역의 목수가 집을 지었던 시절, 임업가와 제재소, 목수는 목재를 통해서 연결돼 있었다. 큰 공사는 동료 목수들이 협력했다.

지역 목재를 사용하지 못하게 된 지금, 임업가와 제재소, 목수 셋의 관계는 끊어져버렸다. 대규모 건축은 대형 인력 회사와 대형 건설사에 발주하기 때문에 지역의 목수가 일을 함께 하는 횡적인 연결도 없어졌다. 그렇기에 가미야마의 나무를 사용하여 마을의 목수가 만드는, 그것도 여러 목수가 함께 일을 함으로써 주거 만들기에 연관된 사람들의 연대를 되돌리는 계기를 만들고 싶은 것이다.

그 실험은 연대공사가 공동주택 건설에 앞서서 진행한 민가 보수 프로젝트에서 이미 시작되고 있다. 민가 보수 프로젝트는

위 | 빈집을 보수한
'살아보는 주택' 1호
니시분 집.
아래 | 니시분 집, 오노지
공동주택 1기 공사에
참여한 지역의 목수 아라이
미쓰히로와 오오야 도시키.

지방재생 전략에 담긴 이주 촉진을 위한 사업이다. 이주한 지 얼마 안 된 사람들이 3개월에서 1년 반 동안 시험 삼아 거주할 수 있도록 빈집을 '살아보는 주택'으로 보수하고 정비하는 사업이다. 이 프로젝트를 통해 1인 이주자만이 아니라 어린이가 있는 세대도 충분히 살 수 있는 공간을 확보한다. 공유 공간을 마련하여 입주자 이외의 주민도 이벤트와 집회에 이용할 수 있도록 함으로써 이주자와 주민의 교류 거점이 되도록 배려한다.

면내의 일곱 개 장소에 만들 계획인데, 첫 번째가 오로노(鬼

7장 임업과 건설업의 미래를 만들다

籠野) 지구에 2017년 8월에 연 '니시분(西分) 집'이다. 2016년도에 시작한 옛집 보수는 아라이 미쓰히로(荒井 充洋)와 오오야 도시키(大家 稔喜)가 맡았다. 이들은 많지 않은 가미야마의 목수다.

오오야는 "면에 일이 많지 않고 사람이 줄어든다면 지금처럼 될 수밖에 없다는 위기감이 있습니다."라고 말한다. 그는 "이런 일거리를 면이 만들어주니 고맙지요."라고 덧붙였다.

마루가 주저앉고 지붕도 부서진 60년 된 2층집이었던 니시분 집은 3~4개의 방과 공용 주방, 공용 휴게실로 이루어진 셰어하우스로 다시 태어났다. 천장과 마루, 대들보에는 지역산 삼나무가 충분히 사용되어 옛집의 정취를 풍기는 한편 심플하고 편리한 모던한 건물이 되었다.

보수 설계는 빈집을 매력적인 관광 자원으로 재생시켜 전국적으로 유명해진 히로시마현 오노미치시의 NPO '오노미치 빈집 재생 프로젝트'에 참여한 건축가 가타오카 야에코(片岡 八重子)에게 의뢰했다. 아라이는 귀중한 경험이었다고 말한다.

목재를 이런 방법으로 짜맞추는구나, 이런 나무를 여기에 쓰는구나 하는 선조들의 지혜를 많이 배웠습니다. 젊은 건축가와 함께 어떻게 설계할까 생각하면서 일하는 건 처음이라 열심히 했습니다.

오오야도 이렇게 말한다.

아라이 씨와 일한 것은 큰 경험이 되었습니다. 혼자서 일을 하면 어떻게 해도 시야가 좁아지기 마련입니다. 협력해서 일을 하는 것도 좋았습니다. 제재소뿐만 아니라 전기, 수도 등 주거에 관련된 기술자의 네트워크가 생기면 좋겠습니다.

가미야마에서는 새로 이주해 오는 사람들의 관계를 새롭게 바꾸고자 한다. 아카오 일행, 연대공사와 면사무소가 그런 움직임을 시작하려고 한다. 아라이와 오오야 두 사람은 오노지 공동주택의 1기 공사도 수주하여 테라스 하우스 형식의 주택 두 동이 2018년 여름 완성되었다.

100년 넘게 살 수 있는 친환경 집 만들기

오노지 공동주택 이야기로 돌아와서 설계 팀에 관해서 언급하고 싶다.

공동주택의 설계를 맡고 있는 '가미야마의 내일환경디자인 공동기업체'는 7명으로 구성되어 있다. 건축 설계는 비오홀룸 환경디자인사 대표 야마다 다카히로(山田 貴宏), 조경 설계는 플랜타고 대표 다세 미치오(田瀬 理夫)를 중심으로 하는 팀이 각각 일을 담당하고 있다.

야마다는 국산 자재와 자연 소재를 사용한 전통적인 나무집 만들기가 특기로, 주변 환경에 적합한 설계를 하는 건축가로 알

위 | 공동주택의
건축을 설계한 야마다
다카히로(오른쪽에서 두
번째).
아래 | 오노지 공동주택의
조경 설계를 담당한 다세
미치오.

려져 있다. 야마다가 오노지 공동주택에서 목표로 하는 것은 가
미야마 삼나무를 사용해 100년 이상 살 수 있는 목조 주택이다.
그는 그 이유에 대해서 공동주택 소개 영상에서 이렇게 말한다.

지금 경제적 합리성만 따져서 싸면 쌀수록 좋다는 식으로
전국의 목재 시장에서 제일 싼 목재가 사용되고 있다. 그렇지만
세 배 이상 오랜 기간 동안 살 수 있는 집을 만들 것이라면
지역 목재를 사용해도 결코 비싸지 않다. 지역에 돈이 돈다면

가미야마의 목재로 가미야마의 목수가 지은 오노지 공동주택(1기 4채).

지역에서는 합리적인 방법이 아닐까 생각한다.

뒷산에 삼나무와 편백나무가 있음에도 불구하고 일부러 먼 외국에서 수입한 목재를 사용하여 집을 짓고 있다. 경제적 합리성을 추구하는 가운데 일어나고 있는 기묘한 현실을 타파할 방법은 의외로 세월을 견디는 집을 정성스럽게 짓는 옛날부터 전해 온 집짓기라는 말이다.

야마다 일행이 설계하는 집은 내구성만 생각하는 것이 아니다. 가미야마는 산속에 있다. 공동주택이 지어질 곳은 해발 130미터지만 겨울이 되면 1000미터 높이의 산에서 냉기가 내려온다. 그 추위에 대응하기 위해서 우드칩 바이오매스 보일러로 지역난방 공급 시스템을 채택하여 전체 가구에 온수를 공급하고 바닥 난방에도 신경 쓴다. 태양열 집열 장치를 활용하여 겨울은 따뜻하고 여름은 시원한 환경 성능이 높은 주택을 목표로 한다.

우드칩 바이오매스 보일러 도입은 면의 지방재생 전략에도 담긴 프로젝트의 하나다. 연료로 사용할 우드칩은 당연히 가미야마의 나무로 만든다. 이는 열 공급을 화석연료에 의존하지 않고 적절한 벌목의 필요성을 만들어 산의 황폐화를 막고 지역에 돈이 도는 경제순환을 촉진하는 시험대이기도 하다.

고향의 풍경을 만드는 도토리 프로젝트

조경 담당인 다세는 후쿠오카 텐진의 시내에 산을 만들었다고 회자되는 계단식 빌딩 녹화로 유명한 '어크로스 후쿠오카' 설계 등으로 저명한 디자이너다. 그는 어떤 지역에서 일을 하더라도 나무 심기와 녹화에는 반드시 그 지역에 자생하는 식물을 사용한다. 생물 다양성은 땅에 자라고 있는 식물을 착실하게 보존하는 일이 기본이라는 신념이 있기 때문이다. 오노지 공동주택 부지의 조경에도 가미야마에 자생하는 수목을 사용한다. 성장한 나무를 심는 것이 아니라 산에서 씨앗을 가져와서 묘목을 키우는 것이다.

거기에서 생겨난 프로젝트가 있다. 지역의 고교생과 주민을 끌어들여 함께 씨앗을 줍고 묘목을 길러서 심는다. 그 이름도 '도토리 프로젝트'다. 2016년 가을 조세이고등학교 가미야마 분교 조경토목과 학생들이 아카오 일행 등 공사 스태프와 산에 들어

조세이고등학교 가미야마 분교 학생들이 산에서 나무 씨앗을 주워 와 묘목을 키우고 성장한 나무를 공동주택 부지에 심는 '도토리 프로젝트'.

가 상수리나무와 종가시나무, 넝쿨동백 등 조경에 사용할 수목의 씨앗과 어린 묘목을 채집했다. 화분에 옮겨 심고 교내의 온실에서 묘목을 길러 성장한 나무를 학생들의 손으로 부지에 옮겨 심을 예정이다.

> 다세 씨 일행이 어차피 묘목을 기른다면 조경토목과가 있는 고등학교가 있으니까 함께 해보자고 하여 분교에 협력을 부탁하니 흔쾌히 받아주었습니다. 2학년생들이 수업의 일환으로 참여했습니다.

아카오는 설명한다.
2017년 가을에는 면사무소 직원과 외지에서 아이들을 데리고 온 부모들도 참가해서 약 20명이 산에서 씨앗과 어린 묘목을 채집했다. 고교생뿐만 아니라 주민들에게도 참여의 폭을 넓히고 있다.

오노지 공동주택에는 2018년 내에 4세대, 2021년까지는 총 20세대가 입주한다. 그즈음에는 '아쿠이강 컴온'을 많은 주민이 찾을 것이다. 10년 뒤에는 고교생들이 심은 수목이 성장하여 여름에는 그늘을 만들고, 여러 가지 마을 만들기의 꿈을 실은 주택이 차근차근 지어져 있을 것이다.

8장

교육의
미래를 만들다
—
지역의 리더를
키우는 농업학교

지방재생 전략에서 생긴 프로젝트는 면에 있는 것을 '지역의 자원'으로 재평가해 최대한 활용하려 한다. 교육 분야에서 '지역의 자원'으로 착안한 것은 전교생이 90명이 채 안 되는 지역의 작은 농업고교인 조세이고등학교 가미야마 분교였다.

지역과 유리된 농업학교

조세이고등학교 가미야마 분교는 어떤 학교일까.

"가미야마 분교는 2018년에 개교 70주년을 맞습니다." 분교의 아베 다카시(阿部 隆) 학생주임이 알려주었다. 전후 3년 뒤인 1948년, 처음에는 도쿠시마농업고등학교의 분교로 개설되었다. 그 후 현립 조세이고등학교 가미야마 분교로 개칭되어 현재에 이른다. 본교는 도쿠시마시 아쿠이면에 있다.

학과는 여러 변화를 거쳐 조경토목과(한 학년 정원 20명)와 생활과(정원 10명)의 두 과로 구성되어 있다. 2018년 2월 현재는 조경토목과 59명, 생활과 25명으로 전교생 84명이다.

놀라운 점은 면내의 학생이 적다는 것이다. 두 학과를 합쳐도 3학년에 2명, 2학년은 1명, 1학년은 4명으로 합쳐서 7명뿐이다. 전교생의 10퍼센트도 되지 않는다. 아베는 이렇게 설명했다.

옛날에는 면내 거주 학생이 많았던 것 같습니다만 가미야마의 아이들 수 자체가 줄어들고, 교통이 편리해지면서 현재는 90퍼센트 이상이 도쿠시마 등에서 통학하고 있습니다. 가미야마에 있으면서도 가미야마의 학생이 적은 고교가 되어버렸습니다.

면의 지방재생 전략에 분교를 언급한 부분이 있다.

가미야마 분교는 현의 교육위원회에 소속되어 있는 점, 외지에서 통학하는 학생이 많은 점, 가미야마의 중학생 대부분은 도쿠시마의 고교에 진학하는 경향이 있는 점 등 지역의 교육 환경과는 조금 동떨어져 있습니다.

지역에 있으면서도 지역과 조금 동떨어진 고등학교. 그것이 가미야마 분교였다.

마을을 만들며 바뀌는 학생들

아베는 학생 수만이 아니라 학생들의 '마음가짐'도 바뀌었다고 말한다.

> 옛날의 농업고는 농가의 대를 잇는 학생을 육성하는 고등학교였습니다. 그렇지만 지금 부모가 전업농가인 학생이 우리 분교에 몇 명 있다고 생각하십니까? 전혀 없습니다. 농사를 짓고 싶다는 이유로 이곳을 선택한 학생이 많지도 않습니다. 졸업 후의 진로도 농업대학교에 가는 학생이 몇 명 있고 그밖에 농업과 관계없는 회사에 들어가기도 하고, 농업과 무관한 전문대학에 진학하는 상태입니다. 그런 학생들에게 어떻게 해야 농업에 관심을 갖게 할 수 있을까. 우리가 되물어야 할 것은 고교 내 농업 교육의 가치라고 생각합니다.

농업의 미래가 보이지 않는다는 말을 하는 가운데 농업을 생업으로 삼으려는 청년이 많지도 않다. 자신 있게 농사일을 이어받아달라고 말하는 부모가 얼마나 있을까. 농가의 자녀가 줄어들고 있다는 이야기가 새삼스럽지 않다.

이러한 상황은 농업고에 입학했지만 농업에 그다지 관심이 없는 학생들을 받아들이는 현장의 교사에게는 큰일일 것이다. 아베는 "학생들은 지역과 연대하는 일을 통해 바뀌었다."고 말한다. 그가 이렇게 생각하게 된 계기가 있었다.

학생주임이 된 2015년, 2장에서 다룬 '워크 가미야마'가 시작되었다. 이곳의 정원 만드는 일을 조경토목과 학생들이 맡았다. 학생들은 수업의 일환으로 참여했다. 측량을 하고, 설계도면을 그리고, 어른들을 상대로 발표를 하고, 꽃과 나무를 심고, 크레인으로 큰 바위를 옮겨 정원석을 설치했다. 학교에서 배운 지식과 기술을 살려서 거의 반년에 걸쳐서 정원을 완성했다. 활기차게 작업을 하는 학생들을 눈으로 본 아베는 말한다.

학생들은 적극적으로 나서서 학교에서 배운 것을 실천하여 지역에 공헌했다는 성취감을 얻고 배우길 잘했다고 실감하게 되었습니다. 무엇보다 큰 자신감이 생겼습니다.

여학생들은 폐목재를 사용해 목공 작품을 만들기도 하고 벌목 체험을 시작으로 '삼림 여자부(森林女子部)' 동아리 활동도 2015년 4월에 시작했다. 학교를 지역과 연결하는 모색을 시작한 것이다.

농업학교라서 가능한, 지역과 직결된 수업
면의 지방재생 전략은 가미야마 분교의 이러한 모색을 평가하고 다음과 같이 제안한다.

새로운 개설 과목을 통해서, 예를 들어 '지역학' 같은 전문
과정과 마을 만들기 사이를 연결하는 수업을 생각할 수 있다.

전문 과정과 마을 만들기 사이를 연결하는 수업은 실제로 분
교에서도 진행하려고 했던 일이었다. 양쪽의 생각이 합치되어
2017년 4월부터 시작한 것이 '가미야마 창조학'이다. 그 실현을
위해서 분교와 면사무소, 분교와 주민의 사이를 중개하고, 지역의
코디네이터 역할을 맡은 이가 연대공사의 모리야마 마도카였다.

그러나 일반 사단법인의 스태프인 모리야마가 현 교육위원회
가 주관하는 현립 고교의 교육 내용에 관여하기는 어려웠다. 이
문제를 해결하기 위해서 아베가 본교와 현의 교육위원회와 연락
하여 모리야마를 특별 비상근 강사로서 교무실에 자리를 마련해
주었다.

5장에 소개한 것처럼, 모리야마는 대학 시절 아마정의 공영
주쿠인 '오키쿠니 학습 센터'에서 6개월간 인턴으로 일하며 오키
도젠고등학교 되살리기를 가까이서 접한 경험이 있다. 그러나 가
미야마 분교는 농업학교라서 오키도젠고등학교의 경우와는 조
금 내용이 달랐다. 모리야마는 도리어 농업고등학교인 점에 가능
성을 느꼈다고 말한다.

아마정의 오키도젠고등학교는 보통과[*]였기 때문에 성적이 오르면 섬 밖의 대학에 진학하는 학생이 많습니다. 그들이 섬 밖의 대학에 진학하여 취직하고 여러 경험을 축적한 다음 부메랑처럼 지역에 돌아와 지역에 공헌하는 인재가 되었으면 하는 생각을 담아 '부메랑 전략'이라고 불렀습니다. 농업고등학교의 경우 배우는 일과 지역이 직결되어 있습니다. 지역 과제 해결을 위해 노력하는 경우에도 휴경지는 어떻게 해야 하는가, 중산간 지역 농업을 어떻게 해야 하는가 등의 내용을 자연스럽게 수업에 포함시킬 수 있습니다. 예를 들어, 지역에 일자리가 없는 상황도 바로 수업에서 다룰 수 있습니다.

아베와 다른 교사들도 지역과의 연대 속에서 학생을 키우고 싶다고 생각했다. 가미야마에는 여러 분야의 인재와 다양한 움직임이 있다. 그것들을 어떻게 커리큘럼에 포함시켜서 구성할까. 교사들과 논의를 거듭해 '가미야마 창조학' 교육 과정이 만들어졌다.

가미야마 창조학 교육 과정은 1학년은 매주 1강, 2학년은 2강으로 증가한다. 3학년에는 수업은 없지만 자신의 진로에 맞추어 과제 연구라는 4강의 수업이 개설되었다.

[*] 우리나라로 따지면 인문계.

2017년 4월 19일 1학년을 대상으로 한 첫 번째 가미야마 창조학 수업이 시작되었다. 창조학에 관한 오리엔테이션 후, 그린밸리 오오미나미 신야가 '지금까지의 가미야마와 앞으로의 가미야마', 가미야마 연대공사 도치타니가 '마을을 미래 세대에 이어주는 프로젝트'라는 주제로 20분씩 1학년생 30명 앞에서 수업을 했다.

1년차의 커리큘럼은 '관계 만들기', '지역 알기', '지역에 들어가기', '지역에서 배우기' 등 네 개로 구성되어 있다. 오오미나미와 도치타니 같은 여러 어른들이 학교에 가서 이야기를 들려주는 수업의 목표는 학생들이 지역에 대해 배우는 것에 주민들이 기대를 갖고 있다고 느끼도록 만드는 것이다.

5월이 되면 학생들은 일제히 지역으로 나간다. 1학기에는 '마을을 돌다'라는 주제로 10명씩 무리를 지어 갈 곳을 정해 사전 학습을 한 뒤, 가미야마에서 활동하고 있는 사람들을 찾아다녔다. 2학기에는 '마을 만들기 체험' 주제로 10월 중순에 이틀간 1~2명이 면내의 17개 장소에서 체험한다.

두 활동을 통해 학생들이 방문한 곳은 매우 다양하다. IT 기업 엔가와, 푸드허브의 가마야, '가미야마 물방울 프로젝트'를 실천하고 있는 키네토스코푸, 요리이 상점가, 일본 폭포 100경에 선정된 아마고이 폭포, 초등학교, 유치원, 인력 회사, 제재소, 삼림 조합, 그린밸리, 영상 사무소, 아와 카페, 예술작품이 설치된 오오아와산…… 방문한 곳에서 학생들은 사전 학습에서 얻은 정

조세이고등학교 가미야마 분교 수업으로 개설된 '가미야마 창조학'. 학생들은 지역에 나가
각양각색의 사람들을 인터뷰를 하고 지역의 활동을 체험한다.

보를 근거로 활동과 일의 내용, 마을의 매력과 과제 등에 대해서
인터뷰를 한다. 3학기에는 특산품인 매실 농가와 마을의 역사를
잘 아는 주민, 지역의 식문화를 잘 아는 사람들을 대상으로 '증
언 기록'에 도전했다.

한 학생은 이런 감상 보고서를 썼다.

우리는 자연이 풍요로운 가미야마를 정말 좋아합니다.
교실에서 뛰쳐나가 필드워크를 한 후, 이제까지 알지 못했던
가미야마를 조금씩 알게 되는 재미를 느끼고 있습니다. 산과 강
등 자연환경에 대해서 우리도 무언가 할 수 있지 않을까 하고
신중하게 생각하게 되었습니다. 또한 가미야마에서 일하는
어른들이 참으로 멋있어 보인 것도 인상에 남습니다. 우리는

이제부터 모두가 힘을 합쳐 가미야마가 멋진 마을이 되도록 활동하고 싶습니다.

모리야마도 몸소 느끼고 있다.

학생들은 하교 버스를 기다리는 정류장에서 아는 사람이 지나가지 않을까 기대하게 되었고, 거리를 걸어가면 얼굴을 아는 사람이 생겼고, 조금 더 가미야마를 알고 싶어졌습니다. 학생들이 지금 자신이 있는 장소와 가까운 사람, 세상물정에 흥미를 가져주기를 바라고 있습니다.

'손에 손 잡고' 프로젝트

조세이고등학교 가미야마 분교에서는 가미야마 창조학과 함께 면사무소와 연대공사의 지원을 받는 또 하나의 프로젝트가 진행되고 있다. 지방재생 전략에 포함된 '손에 손 잡고 프로젝트', 혹은 '손자 프로젝트'다.

연대공사에서 이 프로젝트를 담당하는 도치타니는 목표를 이렇게 설명한다.

고령화와 인구감소가 급속히 진행되는 가미야마에서는 정원수의 가지치기와 꽃밭의 잡초 제거, 무너진 석축과 둑길 보수 등 주거지 주변의 환경을 유지하고 관리하기가 힘들어지고 있다. 고

학교에서 배운 기술을 주민과 교류하면서 사회에서 경험을 쌓는 '손자 프로젝트'.

령자의 집을 방문해 학생과 주민의 관계를 긴밀하게 하면서 학교에서 배운 기술을 사회에서 활용하는 경험을 쌓는 기회를 만드는 것이 목표다. 연대공사가 지원하여 학생을 맡는 집에는 한 학생당 시급 750엔이 지급된다. 자원봉사로 하지 않는 것은 학교에서 배운 기술을 사회에 나가서 유용하게 쓸 수 있다는 점을 실제로 느끼게 하려는 이유도 있다.

학생주임 아베는 대단히 고마운 제안이었다고 말한다.

현 내에서 유일하게 조경토목과가 있는 고교로서 직업교육의 하나로 배운 일을 살리는 기회를 얻어 적극적으로 임하고 있습니다.

여름방학과 겨울방학에 프로젝트를 실시하고, 연대공사는 작업을 희망하는 지역의 노인과 학교, 학생을 연결하는 역할을 했다. 2016년에 6월에 시험적으로 한 가구에서 시행했고 본격적으로 8월에는 3일간 희망한 20명의 학생이 4가구의 고령자 집을 방문해 정원수 가지치기와 밭의 풀 뽑기 등으로 땀을 흘렸다.

인생의 대선배로부터 배우는 것

그때의 영상이 'in 가미야마' 홈페이지에 공개되어 있다.● 매미 울음소리 속에 작업복 차림의 학생들이 접이식 사다리에 올라 정원수를 가지치기 하고 밭을 괭이로 가는 모습을 볼 수 있다. 그 속에 이 프로젝트의 진수를 보여주는 듯한 장면이 있다.

작업을 의뢰한 할머니가 휴식 시간에 시원한 수박을 내놓으며 학생들을 부른다. "신세를 지네. 도와줘서 편해졌어. 고마워."

손자 같은 학생들이 집까지 와서 일을 해주는 것을 정말로 기뻐하는 것이 느껴진다.

돈 벌러 나가는 것도 쉽지 않고, 내가 아흔둘인데 가난해서 말이야. 돈이 없을 때는 보리밥과 감자로 때우는 일도 많단다.

할머니의 말을 학생들은 진지하게 듣고 있다. 그 뒤 화면은 남

● https://www.youtube.com/watch?v=7gAyMOSFiR4

학생으로 바뀐다. "할머니와 이야기하고 무슨 생각을 했니?" 학생은 돈 버는 일이 쉬운 일이 아닌 것을 알았고 아버지가 돌아가신 후 혼자서 자신과 동생을 키우는 어머니에게 감사하다고 말한다. 또한 일을 해서 번 돈은 가족에게 쓰고 싶다고 말한다. 동행한 도치타니는 휴식 시간에 할머니의 이야기를 듣고 나서 학생들이 분명히 바뀌었다고 말한다.

　　손자 프로젝트는 단순한 노동력의 제공이 아니라 지역의 대선배와 이야기를 나눌 수 있다는 점에서 큰 의미가 있지 않나 생각합니다.

　　손자 프로젝트는 학교와 지역을 연결한다. 손자 같은 학생들과 고령자라는 다른 세대를 연결한다. 그런 목표로 시작한 프로젝트는 예상외의 성과를 올리고 있다. 산다는 것, 행복은 무엇인가, 일하는 것, 아이를 키운다는 것, 가족의 일, 늙어가는 것, 죽는다는 것…… 긴 세월을 살아온 대선배의 한마디는 그들의 인생을 틀림없이 떠받쳐줄 것이다.

　　'손자 프로젝트를 여름, 겨울 2회 실시하자', '자원봉사라도 괜찮으니까 하고 싶다', '연휴에도 하고 싶다' 등 학생들의 목소리가 나왔다. 프로젝트는 이후 학생들의 긴 휴일에도 계속되고 있다.

지금의 농업학교에 매력이 있는가

또 하나 언급하고 싶은 것은 조세이고등학교 가미야마 분교를 둘러싼 움직임이다. 분교의 상태를 유지할지를 두고 재검토한 것이다. 계기는 2016년 7월 모리야마와 분교의 발전에 대해서 이야기할 때 학생주임인 아베가 내뱉은 한마디였다. "오래 이어지고 있는 정원 미달 문제를 해결하고 싶다."

분교의 1학년 정원은 조경토목과 20명, 생활과 10명으로 정해져 있다. 그러나 최근에는 계속해서 정원이 미달되고 있다. 다행히도 현 교육위원회는 가미야마 분교가 2014년도부터 5명의 학생을 현 바깥에서 모집하는 것을 허용하고 있다. 이를 활용해 외부에서 학생을 불러들이자고 말한 것이다. 그러나 모리야마는 고민했다. 그럴 만큼 매력이 있을까? 외부에서 올 학생이 있을까? 그는 생각한 끝에 제안했다. "면과의 관계를 생각하는 분교를 만드는 게 어떨까요?"

분교가 지금 이대로가 아니라 한층 더 매력을 가지려면 지역의 전면적인 지원이 필요하다. 이를 위해 면과 NPO, 민간 기업 등 관계자가 같이 만나 가미야마 분교의 일을 의논하는 장을 만들자고 제안한 것이다.

2016년 11월 검토 회의가 발족했다. 분교와 본교, 면, 연대공사를 시작으로 그린밸리, 푸드허브 프로젝트 관계자도 가세했다. 한 달에 한 번 모임을 갖고 어떤 학교를 목표로 할까에 대해 자유롭게 이야기했다.

여기에서 나눈 내용이 그 뒤 분교의 미래 활동에 중추가 되었다. 2017년 6월 '분교의 내일을 생각하는 모임'을 만들어져 첫 번째 모임이 열렸다.

이 모임에는 분교가 있는 지역의 주민, 졸업생, 초중고 교사와 학부모, 학생 4명도 참가했다. 지역이 똘똘 뭉쳐 분교를 지원한다는 목표가 있었다. 학생이 포함된 것은 본인들 손으로 분교의 미래를 생각해주기를 바랐던 것이다.

실제로 이 모임은 학생들이 주눅 들지 않고 의견을 말하고 어른들이 따뜻하게 호응해주는 분위기였습니다.

모리야마는 흐뭇하게 말했다.

중산간지의 농업을 이끄는 학교로

가미야마 분교는 어떤 농업학교를 목표로 하고 있는가. 앞의 검토 회의에서는 여러 가지 가능성을 논의했다. '푸드허브와 연대하여 중산간 지역처럼 조건이 열악한 지역에서 농업의 가능성을 가르치는 고등학교가 되면 어떨까', '다랑이논을 일구는 것은 산골의 풍경과 환경을 지키는 일이다. 환경 보전형 농업을 가르치면 어떨까', '환경과 먹거리와 경관, 이 세 가지를 키워드로 하여 새로운 교육을 만들자'. 논의에 합세한 오오미나미는 "저는 큰 착각을 했습니다."라고 운을 뗀 뒤 이런 이야기를 했다.

아마정에 가서 학생을 V자로 회복시킨 오키도젠고등학교를
보았을 때 저는 가미야마에는 어째서 농업고등학교가 있단
말인가 하고 생각했습니다. 보통과라면 이런 일도 가능할
텐데 하고 부러워했습니다. 그렇지만 지금은 가미야마 분교가
농업학교라서 다행이라고 생각합니다. 푸드허브와 연대하면
가미야마만의 농업학교가 생긴다. 중산간 지역의 농업을 이끄는
고등학교에 전국에서 학생들이 모여들지도 모른다. 생각하는
것만으로도 가슴이 벅찹니다.

2018년 봄 조세이고등학교 가미야마 분교의 학과 재편 내용
이 발표되었다. 2019년도 입학생부터 조경토목과(20명)와 생활과
(10명)는 지방재생학부(30명)로 일괄 모집하고 2학년에 가서 환
경디자인 과정과 식농 과정 가운데 선택하도록 재편되었다.
각 과정의 특징은 다음과 같다.

— 환경디자인 과정: 조경에 관한 학습 등을 통해서 농림업에
  기반을 둔 산촌과 하천 유역 환경의 보전·재생.
— 식농 생산 과정: 지역에 뿌리를 둔 환경 보전형 농업 교육을
  습득하여 안전한 농산물의 생산과 가공 과정, 매력적인 상품
  개발.

게다가 2019년부터는 '분교'라는 명칭을 없애고 조세이고등학교 가미야마교로 이름을 바꾼다. 현 바깥에서 5명의 학생도 모집한다. 지역에서 동떨어져 있던 가미야마 분교는 이제 지역에 뿌리를 두고 연대함으로써 지역의 지도자를 육성하는 학교로 나아가고 있다.

지역에서 키우는 국제 감각

지금 가미야마에서 진행하고 있는 교육 프로젝트는 조세이고등학교 가미야마 분교를 둘러싼 움직임만이 아니다. 2017년 시작한 '국제교류 프로젝트'도 그중 하나다. 2017년 8월 13일부터 21일까지 가미야마의 중고교생 7명이 암스테르담 등 네덜란드 각지를 방문해 같은 세대의 학생과 워크숍을 하고 홈스테이를 하며 교류를 돈독히 했다.

프로젝트는 면의 교육위원회의 위탁을 받아 연대공사가 실시했다. 면교육위 주무관 하라다 유키(原田 幸)와 모리야마 마도카, 암스테르담을 거점으로 활동하다가 가미야마에 이주한 예술가 아베 사야카가 통역 겸 코디네이터로 동행했다.

2017년 10월에는 네덜란드에서 중고생 9명이 가미야마를 방문했다. 마을에서 홈스테이를 하고 주민과 어울려 네덜란드 요리를 같이 만들고 환송식을 열어주는 등 마음으로 이들을 받아들였다. 면은 네덜란드 방문 관련 예산으로 638만 엔을 책정하여

가미야마 학생이 암스테르담 등 네덜란드 각지를 방문하고 네덜란드 학생이 가미야마를 방문한 국제교류 프로젝트.

항공비와 숙박비 등을 지원했다. 차세대를 짊어질 아이들에게 국제 감각을 몸에 배도록 하는 것이 목표였지만 더 큰 목표가 있다고 하라다는 말한다.

> 외국인에게 가미야마가 어떤 마을인가를 이야기하려면 우선 가미야마를 알아야 합니다. 마을을 알리기 위해 학생들은 사전 준비로 자전거를 타고 마을을 돌고, 가미야마다운 선물로 천연염색 수건을 만들고, 가미야마 삼나무로 열쇠고리를 만들기도 했습니다. 이런 일들을 하면서 마을을 다시 보게 되고, 해외에서 온 학생들이 마을에서 즐겁게 지내는 것을 보면서 지역을 자랑스럽게 느끼게 되었다고 생각합니다.

모리야마는 말한다.

아이들을 진학과 취업 과정에서 마을에 묶어둘 생각은 없습니다.
다만 해외에 나가서 자신의 나라와 사는 지역을 다시 돌아보는
경험은 어른도 자주 하는 일입니다. 국제교류 프로젝트가 '이
마을에도 이런 가능성이 있구나'라고 느끼는 계기가 된다면
의미가 있을 겁니다.

'중요한 것은 사람'이라는 신념
가미야마의 지방재생 전략에 이런 문장이 있다.

지역에서 가장 중요한 자원은 '사람'이다. 양질의 자원이 있어도
그것을 가치있게 만드는 사람이 없으면 어떠한 가능성도
구체적인 형태가 되어 공유되지 않는다. '사람'이 무엇보다
중요하며, 그 '사람'의 조합에서 이제부터 지역 규모로 확장될 수
있는 일거리가 생겨나는 것이다.

마을 만들기에서 가장 중요한 것은 사람이라는 신념임을 강
조하고 싶다. 인재를 키우는 것이 교육이다. 사람을 얻고 사람을
키우는 가미야마의 교육 프로젝트가 뚜렷하게 진행되고 있다.

9장

가미야마는 왜
잘 굴러가는가

지금 가미야마에서 진행되고 있는 프로젝트를 관계자는 '연결 프로젝트'라고 부르고 있다. 2015년 12월에 책정된 면의 지방재생 전략 '마을을 미래 세대에 이어주는 프로젝트'에서 생겨난 것이어서 '연결 프로젝트'인 것이다. 푸드허브 프로젝트, 오노지 공동주택과 민가 보수, 그리고 다양한 교육 프로젝트……. 지금까지 소개해온 프로젝트는 결국 '연결 프로젝트'의 세 가지의 핵심 대들보다. 그것에 비하면 거창하지는 않지만 독특하고 의미 있는 다른 프로젝트를 소개하고 싶다.●

마을의 혈액 순환을 돕는 버스 투어

'주민 면내 버스 투어'는 면사무소와 연대공사가 운행하고 있다.

● 가미야마에서 진행되는 각종 강좌와 견학, 투어 프로그램에 대해서는 https://www.in-kamiyama.jp/shisatsu 참조.

계획 설립부터 참여하여 버스 가이드도 하는 면사무소 직원 바바 다쓰로와 연대공사의 도모카와 아야코. 도모카와는 버스 투어를 이렇게 설명했다.

보고 느끼고 그곳에서 일하는 사람과 이야기를 나누는 가운데 마을의 혈액 순환을 좋게 합니다.

마을의 혈액 순환을 원활하게 한다는 것은 어떤 의미일까.

최근 몇 년 가미야마에 이주자들이 늘고 위성사무실이 생기고 새로운 가게가 생겨서 시찰하러 오는 사람들이 늘고 있습니다. 그런데 TV와 신문에서 많이 보도되지만 가본 적도 없고 어쩐지 선뜻 내키지 않는다, 외지의 사람에게서 "가미야마 대단하네."라고 들어도 아무것도 모르니까 설명할 수도 없다, 살고 있는 마을인데도 나와 무관한 일 같아서 떨떠름하다…… 그런 사람들을 태워 마을에 새로 생긴 가게와 위성사무실 등을 둘러보는 투어입니다.

도모카와의 이야기를 들으면서 나는 연대공사 직원인 아카오 소노카가 "저도 모르는 사이에 마을이 바뀌어가는 것에 허전함을 느꼈습니다."라고 이야기한 것이 떠올랐다. 지금은 푸드허브의 중심이 되어 일하고 있는 시라모모는 지방재생 전략 수립에 참여하기까지의 심경을 이렇게 말했다.

> ……이주자와 인사는 했지만 마음을 터놓고 이야기해본 적도
> 없었습니다. 가미야마가 이주 마을로 주목을 받아도 이주자들은
> 어차피 떠날 거라고 차갑게 보았습니다.

새롭게 이주해 온 사람들과 이야기할 기회도 없이 관계도 맺
지 못한 채 쓸쓸한 허전함이 몰려드는 상황이 계속되면 반감도
생긴다. 그런 상황을 개선하는 일을 도모카와는 '마을의 혈액 순
환을 원활하게 한다'고 표현한 것이다.

이주자와 주민의 연결

2016년 10월에 두 번째 시운전을 시작한 면내 주민 버스 투어는
월 1~2회 정도로 운행하고 있다. 소형 버스로 운행하기 때문에 1
회 참가 인원은 5~15명이다. 참가비는 점심, 음료수 등을 포함해
1500~2000엔이다. 면의 홍보 책자와 면사무소 직원의 블로그
등에서 참여를 신청할 수 있지만 직원으로부터 소개받는 사례도
많다. 날짜와 장소는 참가자와 상의해 정하지만, 오전 아홉 시 반
부터 오후 네 시까지가 일반적이다.

일정은 엔가와 사무실 방문 →개점 전 카페 오니바에서 가게
와 새로운 화폐 이야기 →가마야에서 푸드허브 프로젝트 이야기

주민들을 태우고 면에 새로 생긴 가게와 위성사무실 등을 둘러보는 '주민 면내 버스 투어'.

후 점심 식사 → 워크 가미야마에서 슬라이드 시청과 함께 지방
재생 전략 이야기 → 가미야마 위성사무실 콤플렉스에서 사무실
유치에 대해 이야기 → 주문 제작 구두점 리히토 리히토 방문 →
키네토스코푸에서 가미야마 물방울 프로젝트 설명 듣기 → 유산
피자 방문 등으로 진행된다.

　도모카와는 "방문만이 목적이 아닙니다."라고 말한다.

방문지의 사람들과 이야기를 나누는 것에 중점을 두고 있습니다.
다들 그것을 알고 있어서 오니바의 사이토 씨와 엔가와의 스미타
씨 일행도 친절하게 여러 가지를 설명해줍니다. 누구나 낯가림은
있기 마련이어서 모르는 사람에게는 경계심을 갖지만 한번
마음을 터놓으면 또 가보고 싶어지는 장소로 바뀝니다. 그런
계기가 되면 좋겠습니다.

참가하는 사람들은 지역 친목회, 장수회, 의용 소방대 등 각양각색이지만, 고령 여성으로 이루어진 그룹이 많다. 주민 면내 버스 투어는 참가자로부터 높은 평가를 받고 있다.

"혼자서는 좀처럼 갈 수 없는 곳을 가게 되어서 좋았습니다.
젊은이가 가미야마를 위해서 애쓰고 있는 걸 보며 힘을
얻었습니다. 우리도 무언가 도와줄 일이 있으면 하고 싶습니다."
"처음 방문했는데 주민들이 이주자에게 가까이 다가가야
한다고 생각하게 되었습니다."
"내년에 취직하는 아들이 가미야마를 떠나고 싶다고 했지만
이런 좋은 곳을 알려줘서 말릴 수 있으면 좋겠습니다."
"가미야마에 살고 있어서 다행이라고 생각하게 된
하루였습니다."

방문자를 받는 입장에서도 소중한 시간이 되었다.

"지역과의 접촉이 좀처럼 없었지만 주민의 생생한 소리를 듣는
기회가 정말 고마웠습니다."
"외지에서 온 시찰은 일회성인 경우가 많지만, 주민은 계속 만날
사람들이기에 알 수 있는 좋은 계기가 되었습니다."
"더욱더 마을 사람들에게 개방적인 장소가 되게 하고 싶습니다."

최근 가미야마만이 아니라 시골에 이주하는 젊은이들이 늘어나고 있다. 그러나 숫자가 늘어나면서 각지에서 알력도 함께 생기고 있다. 따라서 주민과 새로운 이주자들의 교류를 도모하는 것은 중요한 일이다.

버스 투어의 1회 참가 인원은 5~15명으로 많지는 않다. 하지만 참가한 주민들은 가보기 전과 생각이 달라졌다는 것을 느끼게 된다. 참가하려는 주민이 있는 것 자체가 중요해서 버스 투어를 거듭하는 것만으로 면의 혈액 순환이 좋아진다. 사소하지만 독특하고 의미 있는 프로젝트다. 다른 지방자치단체도 시험해볼 가치가 있다.

가미야마의 프로젝트가 잘 굴러가는 이유

지금까지 현재 진행 중인 '연결 프로젝트'에 대해서 말했다. 사업을 시작하고 아직 2년쯤밖에 지나지 않았지만 각 프로젝트는 착실하게 성과를 내며 진행되는 것처럼 보인다. 어째서 가미야마의 프로젝트는 어떻게 이렇게 잘 굴러가는 걸까. 취재를 통해서 본 것을 추려보겠다.

우선 첫 번째는 '과정'의 소중함이다. 지방재생 전략 수립도 그러했지만 오노지 공동주택 프로젝트에서 주민과 함께 프로젝트를 진행해가는 과정의 신중함에 놀랐다. 신중한 과정을 거쳤기 때문에 프로젝트에 참여하는 사람들이 늘고 자신의 일로 생각하게 된다. 여러 사람의 생각과 아이디어가 더해져 당초에는 예상도 못했던 창의적인 프로젝트가 시작되는 일도 있다. 그래서 프로젝트는 지역에 확실하게 뿌리를 내림과 동시에 대를 두껍게 하고 가지를 뻗게 된다. 결과에 이르는 단순한 과정이 아니라 그 자체가 큰 의미를 지니고 있다.

두 번째는 '연결'을 키워드로 한 혜안이다. 연결 프로젝트를 통해 이어져 있는 것을 머릿속에 떠올려본다. 면사무소와 주민, 민과 관, 학교와 지역, 주민과 이주자, 현재와 미래……. 생각해보면 마을 만들기는 '연결 짓는 일'이라고 바꾸어 말해도 되지 않을까. '연결'을 의식하면 해야 할 일이 생생하게 보인다. 첫 번째로 거론한 과정도 결국은 여러 가지를 정성스럽게 연결해가는 작업이라고 생각한다.

세 번째는 '가미야마 연대공사'가 하는 역할의 중요성이다. 무턱대고 외부화하는 것이 좋다고는 생각하지 않는다. 그러나 유난히 소규모 지방자치단체의 직원들은 너무 많은 일을 떠맡게 되는데, 그래서 실제로는 일할 여유가 없다. 그것을 보완하는 의미로 여러 분야의 전문가가 집결해 있는 공사의 존재는 중요하다. 중간 지원 조직 같은 공사가 면사무소와 주민, 민간, 외지의 인재를 이어주고 면사무소와 함께 다양한 기획을 입안, 실행하고 있다. 공사를 빼고는 지금 가미야마에서 진행되고 있는 프로젝트들은 생각할 수 없다.

왜 공사가 필요한 것일까. 니시무라 요시아키는 이렇게 말한

적이 있다.

전략을 갖추려면 최소 10년은 걸립니다. 변수에 좌우되지
않는 민과 관의 중간 조직 같은 생명이 긴 조직이 필요하다고
생각했습니다.

공사는 가미야마의 변혁이 일회성 사업에 그치지 않고 기어
가 맞물려 돌아가게 만드는 엔진이 되어 있다.

네 번째는 면사무소를 변화시킬 수 있는 의지다. 돈을 내어주
고 시책을 실행하거나 뒤에서 지원해주는 행정 기관인 면사무소
의 계획 실현에 대한 의지가 중요하다. 지방재생 전략 논의가 시
작됐을 때, 면장 고토 마사카즈는 "이것은 실현시키기 위한 계획
입니다."라고 선언했다. 실행 기관인 가미야마 연대공사 설립을
위해서 많지 않은 예산에서 1000만 엔을 뚝 떼어 지원했다. 면사
무소가 흔들리지 않아야 공사와 주민, 민간도 안심하며 전진한다.
면사무소와 공사가 차의 양쪽 바퀴가 되어 절묘하게 간격을 유지
하면서 가미야마의 미래를 만드는 프로젝트를 진행하고 있다.

'연결 프로젝트' 발표회의 흥행

마지막으로 '연결 프로젝트 발표회'를 이야기하고 싶다. 앞에도
썼지만 지방자치단체가 만드는 계획은 대체로 만들어지기만 할

20대부터 70대까지 폭넓은 세대의 주민 130명이 모인 연결 프로젝트 발표회.

뿐이다. 정부로부터 재촉을 받아 전국의 도도부현과 시군구가 지방재생의 종합 계획을 만들었다. 그러나 계획이 수립된 후에 그 진전 상황을 주민에게 보고하는 대회를 연다는 말은 들어본 적이 없다.

가미야마는 발표회를 열었다. 2016년 11월에 열린 '연결 프로젝트 발표회'다. 지방재생 전략을 2015년 12월에 수립하고 다음 해 4월에 가미야마 연대공사를 설립하여 '연결 프로젝트'가 움직이기 시작했다.

회의장에는 약 130명이 몰려들었다. 20대부터 70대까지 폭넓은 세대가 모였다. 실무 집단의 멤버로 전략 수립에 참여한 사람도 있지만 대부분은 살고 있는 마을에서 무슨 일이 일어나고 있는지, 면이 어디를 향하고 있는지를 듣고 싶어서 모인 이들이었다.

발표회에서 처음 마이크를 잡은 이는 면장 고토 마사카즈였다. 가미야마가 전국의 지방자치단체 중에서 소멸가능성이 스무 번째로 높다고 꼽힌 일본창성회의 보고서를 언급하며 이렇게 말했다.

없어진다는 것은 있을 수 없는 일입니다. '없어지지 않게'라는 마음으로 지방재생 전략을 만들었습니다. 이 전략은 실현시키기 위한 계획입니다.

지방재생 전략에 대한 설명을 한 후 연대공사의 도치타니 마나부와 면사무소 바바 다쓰오의 진행으로 프로젝트 보고가 시작되었다. 오노지 공동주택의 개설, 민가 보수, 푸드허브 프로젝트, 손자 프로젝트 등의 교육 프로젝트, 주민 면내 버스 투어…….

담당하는 면사무소 직원, 연대공사의 스태프뿐 아니라 민가 보수의 시공을 맡은 목수 오오야 도시키와 아라이 미쓰히로, 조세이고등학교 가미야마 분교 학생주임 아베 다카시, 프로젝트에 참여한 사람들도 이어서 마이크를 잡았다.

발표회는 휴식 시간을 포함해 오후 일곱 시부터 열 시가 넘을 때까지 세 시간 동안 이어졌다. 도중에 퇴장하는 사람은 거의 없었다. 애당초 강요로 온 것은 아니지만, 면사무소가 연 회의에 이렇게 사람이 모인 것도 놀라운데 세 시간이 넘는 긴 회의 도중에 누구도 돌아가지 않았다.

고개를 끄덕이며 담당자의 이야기에 신중하게 귀를 기울이는 사람, 배포한 설명 자료에 메모를 하는 사람, 휴식 시간에 담당자에게 질문하는 사람……. 그런 주민들을 눈으로 본 나는 공사 스태프 모리야마가 전략 수립 회의에 참가했을 때의 감상을 이야기한 것이 떠올랐다.

앞만 보고 가는 이 마을의 에너지는 무엇일까 생각했습니다.

목표는 진정한 '협동'

이 열기는 어디에서 오는 걸까. 프로젝트 진행 상황에 대한 설명이 계속되는 회의장에서 생각을 계속하던 중에 문득 떠올랐다. 가미야마 사람들이 특별한 것일까? 혹시 가미야마처럼 주민과 하나가 되어 프로젝트를 진행한다면, 그러고 나서 이러한 발표회를 열면 어떤 마을이라도 주민이 모여들지 않을까.

어떤 마을의 주민이라도 자신이 사는 마을이 잘되면 좋겠다고 생각한다. 마을이 어떻게 될 것인가에 대해서도 관심을 가진다. 그러나 그러한 생각에 뚜껑을 덮어놓고 있는 것은 아닐까. 가미야마는 주민의 생각에 뚜껑을 덮어놓지 않고 반대로 활짝 열어놓고 있다. 그래서 '앞만 보고 가는 에너지'가 생겨난 것이 아닐까.

나는 '협동'이라는 말을 행정 기관이 가볍게 사용하는 것을 좋아하지 않는다. 정보는 행정 기관이 독점하고 주민이 과정에 간섭하는 것도 인정하지 않으면서 해주기만을 바라는 것을 '협동'이라는 말로 포장한다. 그런 가식적인 '협동'은 빛 좋은 개살구에 불과하다. 그러나 지금 가미야마가 목표로 하는 것은 '올바른 의미의 협동'임에 틀림없다.

설레는 미래를 만들다

'협동'을 목표로 한 가미야마의 발걸음은 멈추지 않는다. 발표회뿐 아니라 지방재생 전략을 보완하는 작업을 계속하고 있다.

책정한 지 약 1년이 지난 2017년 1월 보완 작업을 담당할 '2기 실무 집단'이 결성되었다. 2015년 첫 번째 전략은 주민과 면사무소 직원 28명으로 구성된 실무 집단이 만들었고, 이번 수정안은 멤버를 50명으로 늘렸다. 이전 멤버도 있지만 신규 멤버가 더 많았다.

한층 많은 주민과 면사무소 직원을 끌어들여 기존 전략을 수정하고 새로운 프로젝트를 개발하는 작업은 2017년 1월부터 3월에 걸쳐서 진행되었다. 취재를 한 1월 말 회의에서는 5명씩 그룹을 나누어 각자가 생각한 주제와 프로젝트를 발표했다. 그중 몇 개를 소개한다.

— 폐교된 초등학교를 이용할 방법을 생각해보자.

— 임업 이주를 늘리고 싶다.

— 지금부터 할 수 있는 새로운 모노즈쿠리를 생각하고 싶다.

— 고령이 되어도 안심하고 살 수 있게 하고 싶다.

— 마을 운동회를 열자.

즉흥적인 아이디어부터 구체적인 내용이 들어 있는 제안까지 여러 가지지만 주민이 마을의 미래를 신중하게 생각하고 있다는 것을 느꼈다.

이런 논의를 눈으로 보고 '지방자치'의 원형을 곰곰이 생각했다. 대학교에서 지방자치를 가르치고 여러 지방자치단체의 마을 만들기에도 참여하고 있는 대학교수로부터 이런 이야기를 들은 적이 있다. "지방자치도 마을 만들기도 목표는 그곳에 살고 있는 사람들이 '이 마을에 살고 있어서 다행이다'라고 자부심을 가지는 지역을 만드는 일입니다."

마지막으로 가미야마를 취재하면서 인상적이었던 말을 소개하고 싶다. 그것은 '설렌다'라는 말이다. '프로젝트가 어떻게 될지 설렌다'

평범하게 살면서 설레는 일은 좀처럼 만나기 쉽지 않지만 이 마을 사람들은 어쨌든 이 말을 자주 입에 올린다. 나도 취재하면서 설렌 적이 몇 번이나 있었다. 이 마을에서는 '설레는 미래'를 주민들이 스스로 만들기 시작했다.

가설을 뒤집는 쾌감

역시 취재는 재미있다. 가미야마를 취재하면서 이 사실을 다시 금 되새겼다. 취재라는 것은 미리 준비한 자료로 어떤 가설을 세우고 현장에서 가설과 부딪치는 작업의 반복이다. 가설이 그대로 유지되는 수도 있지만 대부분의 경우에는 어긋난다. 어긋나는 경우가 재미있다. 가설이 그대로라면 현장에 가는 의미가 없다. 틀렸다고 알게 된 것에서 진정한 취재가 시작된다. 가미야마 취재에서는 미리 세웠던 가설이 모조리 뒤집혔다.

무엇이 틀렸던 것일까. 순서대로 써보자.

가설 ❶ NPO 대표의 강렬한 리더십으로 지금의 가미야마가 있다

인구 5300명 정도의 과소화 마을에 왜 많은 이주자와 IT 기업이 몰려드는 걸까. 지방재생의 힌트를 찾기 위해 가미야마에 들어가기 전, NPO 법인 그린밸리가 이주자와 IT 기업 유치를 담당하고 있고 그 중심인물이 오오미나미 신야라는 것은 알고 있었다. 흔히 그렇듯이 강렬한 리더십으로 조직과 마을 만들기를 추진하는 이미지를 상정했다.

그러나 틀렸다.

확실히 오오미나미는 발상이 풍부하고 말재주가 좋다. 사람이 자연스럽게 주위에 몰려드는 인물이다. 그렇지만 그린밸리는 결코 '오오미나미와 누구누구'식의 조직은 아니다. 세상 돌아가는 일에 관심이 많은 이와마루 기요시, 나서지 않고 묵묵하게 일하는 사토 히데오, 모리 마사키 일행 등이 있었고, 각자가 가진 재능을 살려서 활동하는 자유롭고 수평적인 조직이었다.

만일 강렬한 리더십으로 끌고 나가는 조직이었다면 지금의 가미야마는 없었을 것이다. 위성사무실을 설치한 회사 대표 스미타 데쓰는 가미야마를 선택한 결정적 요인은 '따뜻함'이라고 말했다. 그는 외지인을 개방적으로 받아들이고 다양성을 인정하고, 자신의 생각을 강요하지 않는 그 따뜻한 배려가 최고라고 생각했다.

외지인도 자유롭게 의견을 말할 수 있고 그것을 받아들이는 유연함이 있다. 그린밸리가 자아내는 자유롭고 수평적인 분위기에 끌려 이주자와 기업이 모여들고 그 다양성이 다시 사람을 모이게 하는 것이다.

가설 ❷ 치밀한 계산을 했기 때문에 성공했다

이주자를 불러들이거나 IT 기업을 유치하는 등의 행동은 치밀하게 계획했기 때문에 가능했다고 생각했지만 이것도 틀렸다. 이주자가 오게 된 것은 '아티스트 인 레지던스'가 초대한 국내외 예술가들이 가미야마가 마음에 들어서 정착했기 때문이다. 그런데 가미야마의 관계자 그 누구도 그런 상황을 계획한 것은 아니었다.

일감을 가진 사람을 불러들이는 '워크 인 레지던스'가 시작된 것도 홈페이지 만들기를 의뢰받은 니시무라 요시아키가 마을에 일이 없으면 일이 있는 사람을 불러들여 창업을 시키면 된다고 한 마디 조언했기 때문이다.

게다가 IT 기업 유치는 더더욱 우연이다. 1호 위성사무실을 설치한 산산의 사장 데라다 치카히로가 가미야마에 왔을 때 오오미나미는 '위성사무실'이란 말을 알지도 못했다. 그 후에는 '가미야마 밸리 위성사무실 콤플렉스'를 만드는 등 기업 유치에 힘을 썼지만 처음에는 뒷걸음치다 쥐 잡은 격이었다.

그렇다면 왜 가미야마에 이주자와 IT 기업의 진출이 이어지는 걸까? 오오미나미는 "결과적으로"라는 말을 자주 사용한다. "각양각색의 사람들과 만나게 되었고 결과적으로 이렇게 되었다고 말할 수밖에 없습니다." 그는 '마을 만들기'라는 말에도 위화감이 든다고 말한다.

"마을 만들기라고 하면 애초에 계획이 있고 그 계획을 기초로 진행된다는 이미지지만 지금 가미야마에서 일어나는 여러 가지 움직임은 땅을 일구니 풀이 났다는 느낌에 더 가깝습니다."라고 말한다.

그러면 우연이라는 행운이 겹쳐진 것뿐일까. 그것 또한 맞는 말은 아니라고 데라다 대표는 말했다. "제가 가지 않았더라도 조만간 가미야마에는 다른 기업이 들어갔을 겁니다. 그것은 틀림없습니다. 우연이지만 필연입니다."

절묘한 타이밍에 필요로 하는 사람이 나타나는 우연을 끌어당기는 힘. 그것은 스미타가 말한 '따뜻함'이기도 하고, 그것을 키우는 '토양'이기도 하며, 사람이 모여든 것으로 생겨난 '다양성'이기도 하다.

가설 ❸ 가미야마의 마을 만들기도 철이 지났다

이주자가 늘고 IT 기업 위성사무실이 연이어 진출한 가미야마는 지방재생의 모델로 알려지고 매스컴에도 자주 등장한다. 그러나 이제 그린밸리의 주요 멤버도 60대로 들어섰다. 나는 취재에 들어가기 전에 '철이 지나가는 것은 아닐까?'라고 생각했다.

그러나 전혀 달랐다. 최근 몇 년 동안 그린밸리에 의존했던 가미야마의 마을 만들기는 그 양상이 변화하여 세대교체가 진행되고 있다. 초기의 마을 만들기 움직임을 가속시킨 것은 2015년 지방재생 종합 전략 수립이었다. 면사무소와 민간, 주민과 이주자가 섞여 열정을 가진 '도가니'를 만드는 것을 목표로 한 전략 수립 논의에서 여러 가지 지방재생 프로젝트가 생겨났다.

가설을 뒤집는 쾌감을 제일 강하게 느꼈던 것이 이 세 번째 가설이었다. 마을 만들기로 알려진 다른 지역과 가미야마가 가장 다른 점이 바로 이것이다. 전략 수립과 거기에서 생겨난 프로젝트를 취재하는 것이 재미있었고 많은 것을 느끼고 배웠다. 원고를 다시 읽어보면 감정이 약간 과도하게 이입되어 있기는 하다. 그러나 가미야마의 시도에는 지방을 재생시키는 힌트가 들어 있다고 생각한다.

내가 가미야마 취재를 시작한 것은 2016년 봄이었다. 그로부터 2년 반의 세월이 흘렀다. 그사이에 큰 변화도 있었다. 가미야마 연대공사 스태프인 도모카와 아야코는 2017년 5월 말에 공사를 그만두고 프리랜서 편집자로 돌아가 수도권에서 일하고 있다.

연대공사의 조직 면면도 바뀌었다. 첫째는 오오미나미가 이사장직을 내려놓은 것이다. 그는 설립 이후 맡고 있던 그린밸리 이사장직을 그만두고 이사가 되었다. 후임 이사장으로는 아와 카페의 나카야마 유지가 취임했다.

가미야마 메이커 스페이스의 일원이었던 데라다 다카시는 결혼을 계기로 에히메현으로 전출했다.

가미야마에 흥미를 가지는 사람은 여러 가지 이유가 있을 것이다. 지방에 이주하고 싶다고 막연하게 생각하는 사람. IT 기업의 새로운 일하는 방식에 흥미가 있는 사람. 지방의 재생과 마을 만들기의 아이디어를 찾고 있는 사람……. 가미야마의 과거에서 2018년 현재까지의 궤적을 더듬어본 것으로 제각각의 필요에 부응하는 책 한 권이 되었다고 생각한다.

취재는 정말 많은 사람에게 신세를 졌다. 가장 취재를 많이 한 사람이 오오미나미 씨다. 전국을 날아다니며 강연과 일로 바쁜 와중에도 싫은 내색 하나 없이 정중하게 취재에 응해주었다.

후반부에는 니시무라 요시아키 씨에게 큰 신세를 졌다. 원래 지역에서 참여관찰한다는 것은 매우 어려운 일이다. 이주자와 주민들 중 갑자기 마주치기를 꺼려하는 사람들도 있었다. 니시무라 씨도 그중 한 사람이었다. 그래도 가미야마의 실상을 써달라며 몇 번이고 취재에 시간을 내어주었다. 조세이고등학교 가미야마 분교의 아베 기요시 학생주임에게도 여러 조언을 받았다. 아베 씨도 2018년 봄에 전근을 갔다.

쓰고 싶은 것은 끝이 없지만 여러분들께 감사를 드리고 싶다. 이 책에 실린 사진도 제공받았다. 취재는 했지만 쓰기에 여의치 않았던 분들이 많은 점을 죄송하게 생각한다. 다시 가미야마에 가면 한 분 한 분 찾아뵙고 사과의 말씀을 드리고 싶다.

이 책은 2016년 10월 3일부터 12월 16일까지《아사히신문》 오사카 본사 발행 석간신문에 52회에 걸쳐 연재된「가미야마의 도전」을 밑바탕으로 삼아 추가 취재를 하여 전체를 새로 썼다. 가쿠게출판사의 미야모토 히로미(宮本 裕美) 씨로부터 출간을 제안하는 전화를 받은 것은 연재를 시작한 직후였다. 연재를 끝내고도 원고가 지지부진한 나를 격려해주고 마침내 출간을 해주었다. 출간의 계기를 만들어준 것을 포함해 감사의 말씀을 전한다.

늦은 밤과 휴일에도 방에 틀어박혀 글을 쓰는 걸 도와주고 언제나 원고의 맨 처음 독자로서 조언을 해준 아내 레이코에게도 감사하다.

이 책은 나의 세 번째 책이다. 첫 책『지금 지방에서 무슨 일이 일어나고 있는가』는 재정이 파탄난 지 얼마 되지 않은 홋카이도 유바리시와 '한계에 직면한 마을'이라는 말이 생겨난 고치현의 과소화 집락 등에 대한 르포 기록이었다. 『가마가사키 유정』은 일본 최대의 일용 노동자 거리인 오사카 가마가사키에 사는 사람들의 이야기다. 힘든 상황 속에서도 희망을 찾는 사람들의 모습을 좇았다.

가미야마도 똑같다. 시코쿠의 산속에 있는 '소멸가능도시'로 낙인찍힌 마을에서 미래를 바꾸기 시작한 사람들의 생각이 당신에게 전해지기를 바란다.

2018년 여름
간다 세이지

지금, 우리의 지방재생을 다시 생각하다

왜 가미야마인가

NO JAPAN 운동이 본격적으로 시작되기 몇 개월 전인 2019년 4월, 서강대학교 SSK 지방재생연구팀은 일본 시코쿠 지방 도쿠시마현의 시골 마을인 가미야마를 방문했다. 목표는 단 하나, 가미야마의 '실체'를 직접 보는 것이었다.

2018년 9월부터 지방재생에 대한 연구를 공식적으로 시작한 우리 팀은 2018년 10월, 이 책을 우연히 접하게 되었다. 마침 출간한 지도 얼마 안 된 지방재생 연구서일 뿐만 아니라 사례 자체가 참신하여 많은 시사점을 얻을 수 있었고, 무엇보다 이 책의 저자인 간다 세이지 기자가 주민 100명을 심도 있게 인터뷰했기 때문에 현실을 낱낱이 보여준다는 점이 마음에 들었다.

이미 우리나라에도 많은 지방재생 관련 서적들이 출간되는 중이고 (미국 포틀랜드를 소개하는 책들도 있지만) 특히 일본 사례가 주로 소개되고 있다. 가미야마 역시 몇몇 언론에서 다루었고, 가미야마 실무자가 우리나라를 방문한 사례도 있지만 연구자들의 입장에서는 좀 더 자세히 본질을 들여다보고 싶다는 생각이 들었다.

연구팀은 2018년 2학기부터 한국과 일본의 지방재생 사례를 연구하고 있지만 주마간산 식으로 외국 사례를 나열하듯 화려하게 소개하는 것이 우리 현실에 별로 도움 되는 것이 없다는 것을 그간의 경험으로 충분히 알고 있었다. 외국에서 실현될 수 있는 것을 우리나라에서 시도해보면 여러 가지 변수 때문에 잘 실행되기 어렵다는 것은 상식이기도 했다.

물론 며칠간의 가미야마 방문으로 그런 목마름이 해소될리 없다는 것 또한 잘 알지만 그래도 직접 가서 눈으로 보고 궁금한 것도 질문하고 대화를 하다 보면 조금 더 구체적인 상이 그려지지 않을까 하는 기대를 가지고 길을 떠났다.

가미야마에서 만난 장면들

다카마쓰 공항에서 구불구불한 산길을 달려 가미야마에 도착했다. 쭉쭉 뻗은 고속도로로 가면 시간도 단축되고 조금 더 편하게 도착할 수 있었지만 국도로 돌아 들어가는 방법을 택했다. 완연한 봄이었고 매우 아름다운 길이었다.

드디어 가미야마에 왔다!는 감격스런 마음으로 에어비앤비를 통해 예약한 (이 책에서도 소개한) 오니바에 갔다. 책에도 자세히 서술되었다시피 매우 개방적이고 활달한 젊은 주인이 우리를 친절히 맞아주었다.

오니바 주인은 우리가 멀리서 왔다는 사실에 놀라면서도 무척 즐겁게 오니바 고택의 구석구석을 안내해주었다(나중에 알게된 사실이지만 한국에서의 가미야마 방문객은 많은 편이고 세계 각지의 방문자들도 많다고 한다).

오니바에서 여정을 시작하여 우리는 며칠 동안 가미야마 구석구석을 돌아다니며 사람들을 만났다. 사전 통보도 하지 않았는데 어쩐지 주민들 모두가 한국에서 온 연구자들의 정체를 알고 있는 것 같은 뭔가 모를 친근함이 느껴졌다.

이 책의 저자만큼 100여 명의 사람을 만나 충분히 인터뷰하기는 어려웠지만, 이 책의 번역 초고는 이미 완성한 상태였기 때문에 책에 나와 있는 대로 과연 그러한가라는 의문을 갖고 여러 장소를 방문하였고 사람들을 만났다.

가미야마의 지방재생을 추진하는 중심기관인 그린밸리 실무진이나 가미야마 연대공사 관계자들은 우리 팀과의 공식회의 외 시간에도 마을의 여러 곳을 가이드해주고 때로 무지막지한 우리의 질문에도 친절히 대답해주었다.

보고 들은 많은 것을 이후에 책이나 논문으로 더 소개할 수 있겠지만 단 며칠의 현지 출장으로 가미야마의 사례를 미화할 생각은 없다. 그러나 역시 사람의 의지와 진솔한 계획을 바탕으로 하면 제대로 된 지방재생이 그렇게 꿈같은 일은 아닐 수도 있겠다는 가능성을 느낄 수 있었던 유익한 출장이었다.

가미야마를 둘러보면서 재미있는 장면을 많이 발견했다. 도시에 본사를 둔 기업의 위성사무실, 창조적인 직업군의 결집, 다양한 업무방식의 적용, 공기좋은 자연 풍광, 지역 자원을 현실의 상품이나 문화로 끌어오려는 집요한 노력, 지역 주민과 끈끈한 연계, 초중고등학교 학생들의 메이커 스페이스까지.

가미야마의 지방재생 철학은 소박하지만 견고한 느낌이었다. 사람들도 평범한 사람들이었지만 지역에 대한 소중한 마음을 갖고 있었고, 화려한 건축물을 짓거나 공격적인 마케팅을 하기보다 한 걸음 한 걸음 제대로 진행해보겠다는 의지가 느껴졌다. IT 기업들의 위성사무실이나 다양한 업종의 창업 분위기는 열기로 다가오기보다는 지역과의 차분한 조화로움에 더 가까웠다.

이 책에서 자세히 소개한 가미야마의 철학이나 과정, 계획, 실천의 일부를 잘 체험한 방문이었는데, 부디 독자들도 이 책을 읽으면서 우리나라의 지방재생이 나아가야 할 방향에 대해 다시 한 번 생각해보는 계기가 되면 좋겠다.

왜 지방재생인가

청년 실업이 문제라는 시대에 청년 창업이라는 말 또한 함께 유행하고 있다. 과거보다 더 유능한 공무원들이 더 열악한 지역을 보호하고 발전을 독려하기 위해 지방재생 사업을 활발하게 진행하고 있다. 그러나 그 모든 정책과 활동에도 불구하고 여전히 수도권 외 지역을 방문해보면 빈곤와 절망을 자주 만나게 된다. 활기라는 말이 사치스러울 정도의 절망감이 느껴지기도 한다. 왜 그럴까, 무엇이 잘못된 걸까. 지방자치 역사가 20년을 훌쩍 넘었는데 자원이 넘쳐나는 것 같은 도시에 비해 왜 '지방'은 여전히 가난하고 인구절벽을 맞이하고 있을까.

우리 연구팀은 본격적으로 연구를 시작한 지 얼마 되지 않았지만 지방재생론을 체계적인 이론으로 만들어 좀 더 많은 사람들이 비수도권의 지역에 제대로 된 관심을 갖기를 목표로 하고 있다. 특히 물질 자본, 발전과 개발, 승자독식, 제로섬 게임의 시대에 나타났던 많은 폐해를 사회 자본, 삶의 질, 신기술 등으로 더 잘 해결할 수 있는 방법에 대해 고민하고 있다.

한편으로는 정말 살기 힘든 지역이 오롯한 주체로서 대접받으며 스스로의 지역 자본을 축적하면 좋겠다는 생각도 한다. 여기서 가칭 '지역 자본(local capital)'이라는 말은 비단 물질 자본에 국한되는 것이 아니라 사회 자본, 네트워크 자본, 로컬 인력 등을 포괄하는 매우 포용적인 개념이다. "지방이라도 살 만하다."라는 말은 "지방이니까 살만하다."라는 말로 바뀌어야 할 것이다.

마지막으로 지역을 소개하는 책들이 관광 코너에 있는 것이 아니라 인문사회 코너에 풍부하게 진열될 수 있으면 좋겠다. 지역을 여행의 대상이나 살기 불편한 곳으로만 생각하는 수동적 사고방식이 좀 더 능동적인 사고방식으로 전환되길 바란다. 그곳에서 여러 다양한 소셜 벤처, 로컬 크리에이터의 창업이 이루어져 단순한 여행지가 아니라 국토의 모든 곳이 살 만한 곳으로 변했으면 좋겠다. 그런 바람을 실현하는 데 우리의 연구가 조금이라도 기여했으면 한다.

이 번역서는 그러한 연구팀 염원의 첫 시도이다. 앞으로도 기회가 되면 세계 어느 지역의 지방재생사례든 더 자주, 더 깊게 소개하고 싶다.

앞으로 지역을 대표하는 랜드마크는 거창하고 형식적인 건물, 일회성 축제가 아니라 사람이어야 한다.

옮긴이를 대표하여

2020년 1월

류석진(서강대학교 정치외교학과 교수)

차근차근 쌓아올린 기적, 가미야마 마을의 재생

—정석(서울시립대학교 교수, 『천천히 재생』 저자)

2011년 12월 9일 일본 NHK 방송국의 뉴스 프로그램 「뉴스워치 9」은 8분 특집 'IT 기업이 과소화지역으로 향하는 이유'를 방영한다. 대도시 고층 사무실에서 넥타이와 정장 차림으로 일하고 있어야 할 IT 회사 직원들이 반팔 반바지 슬러퍼 차림에 산골 마을 시냇물에 발을 담그고 앉아 무릎 위에 놓인 노트북으로 도쿄 본사와 화상 회의를 하고 있는 모습을 보여준다. 이 방송은 사람들에게 알려지지 않았던 도쿠시마현의 작은 도시 가미야마를 전국에 알리는 계기가 되었다.

대도시에 있던 IT 기업은 왜 도쿠시마현으로, 그것도 도쿠시마시 중심부에서 한참 떨어진 해발 1000미터 산간 마을에 위성 사무실을 열고 직원을 보냈을까? 한때는 인구가 2만 명 이상이었지만 줄고 줄어 6000명이 채 안되는 작은 도시, 고령화율 48퍼센트의 전형적인 과소화 마을이고 전국에서 스무 번째로 소멸가능성이 높은 가미야마에 웹디자이너, 컴퓨터 엔지니어, 예술가, 요리사, 수제구두 장인 같은 창의적 직업의 청년들이 속속 이주해

오고 있다면 믿겠는가? 2008년부터 2016년까지 8년 사이에 91세대, 161명이 이주했고, 이주해 온 IT 기업의 위성사무소과 벤처 기업 본사의 수가 16개 이상이라고 한다. 도대체 무슨 일일까? 인구가 줄어드는 시골로 왜 사람들이 찾아오고 있을까?

『마을의 진화: 산골 마을 가미야마에서 만난 미래』의 저자 간다 세이지는 이 책에서 그 비밀을 소상히 설명해준다. 2016년 봄부터 2년 반 동안 가미야마에서 만난 100명이 넘는 사람들을 취재한 뒤 소멸위기의 작은 산골 마을이 어떤 계기로 젊은이들을 초대하고 어떻게 진화를 계속하고 있는지, 인구감소 위기를 어떻게 극복하고 새로운 가능성으로 바꾸었는지를 소상히 일러준다.《아사히신문》에 2016년 10월부터 52회에 걸쳐 연재했던 '가미야마의 도전'이란 제목의 취재 기사들이 한 권의 책으로 묶어져 출간되었다.

놀라운 일들은 실은 오랜 준비 기간을 거쳐 이루어졌다. 하루 아침에 반짝 이루어진 기적이 아니었다. 가미야마 진화의 중심에 NPO 법인 그린밸리의 오오미나미 신야 전 이사장이 있다. 1953년생으로 도쿄에서 대학을 마친 뒤 1977년부터 1979년까지 실리콘밸리에 있는 스탠포드 대학에 유학을 다녀왔다. 스티브 잡스가 애플 II를 발표할 무렵이었다. 귀국한 뒤 가업을 이어받아 건설 회사와 콘크리트 회사를 운영하고 있었지만 그의 머리 속에는 늘 한 가지 고민이 있었다. 점점 인구가 줄어드는 마을에서 할 수 있는 뭔가 재미난 일이 없을까?

드디어 기회가 왔다.

1990년 오오미나미는 자신의 아이들이 다니는 초등학교 복도에서 만난 인형을 미국으로 돌려보내는 운동을 시작한다. 1927년 미일 우호의 증표로 미국인들이 일본 초등학교와 유치원에 보낸 1만 2000개 인형 중 하나였다. 미일전쟁으로 대부분 불태워지고 드물게 남아 있던 앨리스란 이름의 인형 곁에는 인형을 보낸 이의 이름이 있었다. 오오미나미는 1991년 3월 앨리스 귀향 추진위원회를 구성한 뒤 인형을 보낸 사람을 추적해 찾았다. 그해 8월, 30명으로 꾸려진 방문단은 미국 펜실베이니아주 윌킨스 버그시를 방문해 인형을 귀향시켰다.

첫 번째 국제교류가 성공하자 오오미나미는 1992년에 '가미야마 국제교류협회'를 결성한다. 그리고 이듬해부터 가미야마로 외국인 청년을 초대하는 3박 4일 연수 프로그램 '가미야마 위크'를 시작했다. 2005년까지 13년 동안 국제교류 프로그램 덕에 마을의 수백 가구가 외국인 홈스테이에 참여했고, 그 덕에 가미야마는 외지인들에 친숙하고 다양성을 스스럼없이 받아들이는 개방된 마을로 변화했다.

1999년에는 해외 예술가들을 가미야마에 초대해 체류하며 예술 활동을 하게 하는 '아티스트 인 레지던스' 프로그램이 시작되었다. 2004년 12월에는 NPO 법인 '그린밸리'를 설립했다. 그린밸리는 그 뒤 많은 일을 벌인다. 행정 기관이나 전문가단체가 아닌 순수 민간의 NPO 법인이 주도하여 해낸 일들이다.

2007년에는 가미야마의 빈집 정보를 제공하고 이주자를 초대하는 이주교류지원센터를 설립하고 2008년에는 가미야마에 와서 잠시 살아보는 체류 프로그램을 시작해 'in 가미야마' 홈페이지에 홍보했다. 2010년에는 빈집을 고쳐 사무실로 개조하고 위성사무실이나 본사를 초대하는 '오피스 인 가미야마' 사업을 시작하면서 본사가 도쿄에 있는 IT기업 '산산'을 입주시켰다. 2012년에 개설된 단쿠소후토의 위성사무소실은 지역의 우수인재를 채용하는 데 공헌하는 효과를 보여주었다. IT기업들의 진출 수요를 파악한 그린밸리는 2013년 '가미야마 밸리 위성 사무실 콤플렉스'라는 시설을 만들어 기업들이 편하게 원격 근무를 실험할 수 있는 장을 만들었다. 이를 운영할 '가미야마 진료'라는 주민 출자회사를 만들기도 했다. 2015년에는 가미야마 지방재생전략 '마을을 미래세대와 연결하는 프로젝트'를 수립했고, 2016년에는 민간과 정부 기관이 협력해서 움직이는 '가미야마 연대공사'를 설립하여 운영 중이다. 가미야마 연대공사는 면사무소와 함께 2018년 주택 8동(20가구) 규모의 오노지 공동주택을 건설하는 성과 등을 보였다. 이렇듯 가미야마는 계속 진화 중이다.

　　사람들을 깜짝 놀라게 했던 새로운 변화는 사반세기 긴 시간 동안, 실은 나무가 자라고 과일이 익듯 천천히 차근차근 이어져 온 일들이다. 이 책은 마을의 재생을 꿈꾸고 위기를 기회로 바꾸고 싶은 사람들에게 희망을 주고 걸어가야 할 길을 보여주는 좋은 책이다.

좋아하는 일을 할 수 있는 곳에 사람이 모인다

─한종호(강원창조경제혁신센터 센터장)

이 책은 일본《아사히신문》오사카 본사 지역보도부 간다 세이지 기자가 2016년 봄부터 도쿠시마현에 있는 가미야마라는 작은 마을을 반년간 집중 취재하고 이를 '가미야마의 도전'이라는 제목으로 52회에 걸쳐 연재 보도 한 뒤 다시 1년간 후속 취재를 더해 묶어낸 것이다.

일본어판에는 '인구 감소를 가능성으로 바꿔내는 마을 만들기'라는 부제가 붙어 있다. 인구절벽이라는 위기상황에 망연자실하지 않고 창의적 방식으로 마을을 되살려냈다는 의미다. 한국으로 치면 강원도 오지 마을쯤이라 할 수 있는 가미야마가 이렇게 일본 유력 언론으로부터 집중적 조명을 받은 이유는 우리보다 앞서 국가적 차원에서 지방재생 정책을 추진해온 일본 내에서도 대표적인 성공사례로 꼽히기 때문이다.

그럴 만도 한 것이 2만여 명에 달하던 인구가 5300명으로 쪼그라들며 일본에서 가장 빠르게 소멸할 지역 스무 곳 가운데 하나로 꼽혔던 이 마을에 지난 10년간 200명에 육박하는 이주자가 줄을 잇고 IT 기업을 포함해 10여 개의 신생 기업들이 본사를 옮겨오거나 지사를 만들었기 때문이다. 2011년 NHK가 처음 보도를 한 이래 여러 언론에서 가미야마 사례를 소개했고 그 비결을 배우기 위해 지난 3년간 일본 전역에서 1000여 개의 정부 기관, 단체, 기업으로부터 7000명에 달하는 인사들이 견학을 다녀갔다고 한다. 국내에서도 지자체 공무원 및 연구자, 활동가 상당수가 다녀갔다고 한다.

이들이 가미야마를 지방재생의 롤모델로 평가하는 직접적인 지표는 도시로부터 IT기업들을 유치했고 도쿠시마현 이외의 지역에서도 이주자가 찾아들게 했다는 점이다. 이러한 성공의 '비결'로 꼽히는 것들은 지자체 주도로 발 빠르게 구축된 통신 인프라, 개방적인 지역 문화 만들기에 헌신한 민간의 리더들, 단기적 성과에 매달리지 않고 과정을 중시하는 문화 등이다.

일본 아마존 온라인 사이트에 올라와 있는 책 소개 글에서는 "도시로부터 자발적으로 이주한 청년들과 아이들이 모여 메이커 스페이스에서 신나는 창작 활동을 하고, IT 기업의 위성사무실이 만들어지더니 지역 현지에서 또 다른 창업이 이어지고, 구경하러 온 김에 눌러앉아서 수제 맥주 집, 게스트하우스, 카페까지 만드는 원동력을 무엇이라고 부를 수 있을까. 지방재생, 공유 경제, 4차 산업혁명과 같은 패러다임 속에서 의미 있는 실천과 공유 가치를 실감할 수 있는 가미야마의 진화는 앞으로도 계속될 것"이라며 가미야마의 노력을 평가하고 있다.

이 책의 저자인 간다 세이지 기자는 책 후기에서 "가미야마를 취재하며 세웠던 가설은 모조리 뒤집혔다."고 했다. 뻔한 성공 모델과는 거리가 있다는 얘기다. 실제로 가미야마에는 지역 산업을 잘 키워 부자 마을이 됐다든가 탁월한 리더가 지역 변화를 이끌었다든가 하는 흔한 성공 스토리텔링이 없다. 그저 '이 마을에 오면 이상하게 기분이 좋아지고 뭔가를 해보고 싶어진다'는 이주자들과 '직원들이 일하기 좋아서 왔다'는 이주 기업 대표들의 경험담이 즐비하다. 간다 기자는 이를 '개방적이고 다양성을 존중해주는 가미야마 특유의 따뜻함'이라고 표현했다. 이주자들은 이 마을에 '살고 싶어서' 온 것이고 이들의 자발적 노력이 모아져 결과적으로 지방재생이라는 선한 결과로 이어진 것일 뿐이라는 얘기다.

이런 우아하지만 싱거운 스토리에 성이 차질 않아 이 책을 번역한 서강대 SSK 지방재생연구팀과 함께 가미야마를 찾았다. 거기서 만난 사람들의 얘기는 한결같았다. 지방재생사업을 총괄하고 있는 도치타니 마나부 '가미야마 연대공사' 대표는 "특별한 산업 전략은 없다. 환경과 자연을 소중히 하면서 살아가는 데 필요한 일들을 작은 것부터 해나가다 보면 점차 큰 것이 만들어진다고 생각한다"고 말했다.

가미야마가 가장 크게 하고 있는 '사업'이라 해봐야 중산간 지역 농가의 영세한 경영 규모에 맞게 다품종 소량생산-소량유통을 이어주며 실명화 기반의 로컬푸드 소비를 촉진하는 푸드허브 프로젝트나 이주자와 이주 기업을 위한 공동주택과 코워킹스페이스 만들기를 꼽을 수 있는 정도다.

얼핏 시시해 보일지 모르지만 그런 목표를 선정하고 추진하는 과정 전체가 철저하게 주민들의 토론과 참여, 관리 속에 이뤄지고 있다고 한다. 주민들은 지역과 유리된 채 거액의 정부 지원으로 추진되는 화려한 '전략산업' 같은 것에 눈을 돌리지 않고, 지역에 실질적으로 도움이 되고 주민들이 참여할 수 있는 일을 찾는 데 애썼다. 공공은 인내심을 갖고 이를 지켜보다가 필요한 지원만 해주고 간섭하지 않았다.

아무도 조급해하지 않는 모습이었다. 누군가 좋아하는 일을 한다면 언젠가는 더 좋은 결과를 얻을 수 있을 것이라는 낙관적인 여유와 확신이 힘을 발휘하고 있었다. 사람들은 그걸 찾아 가미야마로의 이주를 결심하게 되는 것 같았다.

도판 저작권

ⓒ아사히신문사 | 4~5, 33, 38, 51, 71, 78, 80, 83, 95, 104, 111, 119, 122, 126(위), 130, 132, 135(위), 150, 162, 178

ⓒ주식회사 푸드허브 프로젝트 | 6~7, 12(아래), 203, 205, 214, 215, 216, 217, 219, 220, 222

ⓒ일반 사단법인 가미야마 연대공사 | 8~9, 249, 260, 262, 269, 276

ⓒ산산 주식회사 | 11(위), 67, 72

ⓒ나마즈 아사타카 | 12(위), 44, 138, 140(아래), 188, 237, 246, 247

ⓒ고니시 게 | 47

ⓒNPO 법인 그린밸리 | 64~65

ⓒ가미야마 밸리 위성사무실 콤플렉스 | 89

ⓒ아베 사야카 | 92, 93, 140(위)

ⓒ키네토스코푸 | 97(아래)

ⓒ반도 고스케 | 101(위)

ⓒ카페 오니바 | 112

ⓒ가미야마 주쿠 3기생 | 126(아래)

ⓒ리히토 리히토 가미야마 | 128

ⓒ 가미야마 정 「마을의 미래 세대를 이어주는 프로젝트」 | 166

ⓒ곤도 나오 / 구라라 사진관 | 186

ⓒ가미야마 정 | 232, 233

ⓒ모리구치 고우지 | 243(위)

마을의 진화

1판 1쇄 펴냄 2020년 2월 24일
1판 4쇄 펴냄 2023년 4월 27일

지은이   간다 세이지
옮긴이   류석진, 윤정구, 조희정
펴낸이   박상준
책임편집   강혜란
편집   최예원, 조은, 최고은
펴낸곳   반비

출판등록 1997. 3. 24.(제16-1444호)
(우)06027 서울특별시 강남구 도산대로1길 62
대표전화 515-2000, 팩시밀리 515-2007
편집부 517-4263, 팩시밀리 514-2329

한국어판 ⓒ (주)사이언스북스, 2020. Printed in Seoul, Korea.
ISBN 979-11-90403-92-4 (03300)

이 책은 2018년 대한민국 교육부와 한국연구재단의 지원을 받아
수행된 연구입니다. (과제번호: NRF-2018S1A3A2075237)

반비는 민음사 출판그룹의 인문·교양 브랜드입니다.